Como Mimar
um Leonino

Mary English

Como Mimar um Leonino

Orientações da Vida Real para Relacionar-se Bem
e Ser Amigo do Quinto Signo do Zodíaco

Tradução:
MARCELLO BORGES

Editora Pensamento
SÃO PAULO

Título original: *How to Lavish a Leo.*
Copyright do texto © 2013 Mary L. English.
Publicado originalmente no RU por O-Books, uma divisão da John Hunt Publishing Ltd., The Bothy, Deershot Lodge, Park Lane, Ropley, Hants, SO24 0BE, UK.
Publicado mediante acordo com O-Books.
Copyright da edição brasileira © 2014 Editora Pensamento-Cultrix Ltda.
Texto de acordo com as novas regras ortográficas da língua portuguesa.
1ª edição 2014.

Todos os direitos reservados. Nenhuma parte deste livro pode ser reproduzida ou usada de qualquer forma ou por qualquer meio, eletrônico ou mecânico, inclusive fotocópias, gravações ou sistema de armazenamento em banco de dados, sem permissão por escrito, exceto nos casos de trechos curtos citados em resenhas críticas ou artigos de revista.

A Editora Pensamento não se responsabiliza por eventuais mudanças ocorridas nos endereços convencionais ou eletrônicos citados neste livro.

Editor: Adilson Silva Ramachandra
Editora de texto: Denise de C. Rocha Delela
Coordenação editorial: Roseli de S. Ferraz
Preparação de originais: Marta Almeida de Sá
Produção editorial: Indiara Faria Kayo
Editoração eletrônica: Join Bureau
Revisão: Vivian Miwa Matsushita

CIP-Brasil Catalogação na Publicação
Sindicato Nacional dos Editores de Livros, RJ

E47c
    English, Mary
        Como mimar um leonino: orientações da vida real para relacionar-se bem e ser amigo do quinto signo do zodíaco / Mary English ; tradução Marcelllo Borges. – 1. ed. – São Paulo : Pensamento, 2014.
        112 p. : il ; 20 cm.

    Tradução de : How to lavish a Leo.
    ISBN 978-85-315-1866-9

    1. Astrologia. 2. Horóscopos. I. Título.

14-10197
                                                                                      CDD: 133.5
                                                                                      CDU: 133.52

Direitos de tradução para a língua portuguesa adquiridos com exclusividade pela
EDITORA PENSAMENTO-CULTRIX LTDA., que se reserva a
propriedade literária desta tradução.
Rua Dr. Mário Vicente, 368 – 04270-000 – São Paulo – SP
Fone: (11) 2066-9000 – Fax: (11) 2066-9008
E-mail: atendimento@editorapensamento.com.br
http://www.editorapensamento.com.br
Foi feito o depósito legal.

Este livro é dedicado a Wally.
Descanse nos braços dos anjos do Céu.

♌ Sumário ♌

Agradecimentos 9

Introdução 11

1 O signo 15
2 Como montar um mapa astral 31
3 O ascendente 36
4 A lua 45
5 As casas 55
6 As dificuldades 63
7 As soluções 70
8 Táticas para mimar 77

Notas 107

Informações adicionais 108

Informações sobre mapas astrais 109

♌ Agradecimentos ♌

Gostaria de agradecer às seguintes pessoas:
Meu filho, por ser o libriano que sempre me
faz enxergar o outro lado.
Meu marido taurino Jonathan, por ser o homem
mais maravilhoso do meu mundo.
Mabel, Jessica e Usha, por sua ajuda
homeopática e sua compreensão.
Laura e Mandy, por sua amizade.
Donna Cunningham, por sua ajuda e seus conselhos.
Judy Hall, por sua inspiração.
Alois Treindl, por ser o pisciano que fundou
o maravilhoso site Astro.com.
Judy Ramsell Howard, do Bach Centre, por seu estímulo.
John, meu editor, por ser a pessoa que lutou
com unhas e dentes para que este livro fosse
publicado, e toda a equipe da O-Books,
inclusive Stuart, Nick, Trevor, Kate, Catherine, Elizabeth,
as duas Marias e Mary.
Louise Knapper, por sua maravilhosa sugestão de título.

♌ Como mimar um leonino ♌

Mary Shukle, Alam, Oksana e Christine,
por suas úteis leituras do original.
E finalmente, mas não menos importantes,
meus adoráveis clientes, por suas valiosas contribuições.

♌ Introdução ♌

Comecei esta série de livros de Astrologia com *Como Sobreviver a um Pisciano*, sobre meu signo, e depois que o livro foi aceito pelo editor (que, como descobri depois, é pisciano!), ele me disse que não queria só um livro. Eu pensei: oh, é melhor escrever um para cada signo do Zodíaco. E como são doze os signos do Zodíaco, percebi que teria um longo projeto pela frente.

Ser astróloga é viver uma vida engraçada. Eu estava escrevendo *Como Acalmar um Virginiano* quando me vi pendurando o edredom no varal, tentando alinhar os vincos para que ficasse bem esticado e não fosse preciso passar muito. Estava ocupada alinhando as dobras quando pensei comigo mesma: "Isto é uma coisa bem virginiana, precisar de tamanha perfeição".

Quando comecei a escrever este livro sobre leoninos, eu estava envolvida na batalha permanente dos céticos contra os homeopatas e a homeopatia e, novamente, flagrei-me escrevendo uma carta para a sua alteza real, o príncipe de Gales, para conseguir seu apoio na aprovação de uma lei que estava sendo apresentada no Parlamento.

♌ Como mimar um leonino ♌

Eu nem achei que pudesse haver algum problema em escrever para um membro da Família Real (que eu nunca encontrei e que provavelmente nunca vou encontrar!); só depois que pus a carta no correio é que pensei: "Essa foi uma coisa bem leonina de se fazer, entrar em contato com a Família Real!"... e este é o tema de Leão – agir como se fizesse parte da realeza. Ri comigo mesma. É como se eu estivesse "provando"* cada signo à medida que escrevi sobre eles.

Antes de estudarmos Leão, vamos precisar entender um pouco de Astrologia, saber de onde veio e onde está hoje. Ela já existe há um bom tempo, e a maioria das culturas tem alguma conexão com a alma ou o espírito. Essas culturas observaram os planetas, o Sol e a Lua e estabeleceram uma correlação entre nosso lugar aqui na Terra e o lugar dos deuses "lá no céu".

Uma Breve História da Astrologia

O historiador Christopher McIntosh diz, em seu livro *The Astrologers and Their Creed*, que a Astrologia foi descoberta em uma região onde hoje fica o Iraque, no Oriente Médio:

> Foram os sacerdotes do reino da Babilônia que fizeram a descoberta que estabeleceu o padrão para o desenvolvimento da astronomia e do sistema zodiacal da astrologia que conhecemos hoje. Durante muitas gerações, eles observaram e registraram meticulosamente os movimentos dos corpos celestes. Finalmente descobriram, graças a cálculos cuidadosos, que, além do Sol e da

---

* A prova é um método homeopático para descobrir a função curadora de um remédio, fazendo com que voluntários experimentem uma dose e registrem suas experiências.

Lua, outros cinco planetas visíveis se moviam em direções específicas todos os dias. Eram os planetas que hoje chamamos de Mercúrio, Vênus, Marte, Júpiter e Saturno.

A descoberta que esses sacerdotes astrônomos fizeram foi notável, levando-se em conta os instrumentos precários com que trabalhavam. Eles não tinham telescópios, nem os outros aparatos complicados que os astrônomos usam hoje. Porém tinham uma grande vantagem. A área próxima ao Golfo Pérsico, onde ficava seu reino, era abençoada com céus extremamente limpos. Para tirar pleno proveito dessa vantagem, eles construíram torres em áreas planas do país e a partir delas podiam vasculhar todo o horizonte.

Os sacerdotes viviam reclusos em mosteiros, geralmente adjacentes às torres. Todos os dias, eles observavam o movimento das esferas celestes e anotavam fenômenos terrestres correspondentes, como inundações e rebeliões. Não tardou para chegarem à conclusão de que as leis que governavam os movimentos das estrelas e dos planetas também governavam eventos na Terra. As estações mudavam com os movimentos do Sol, e portanto, argumentavam, os outros corpos celestes certamente deveriam exercer uma influência similar...

No começo, as estrelas e os planetas eram considerados deuses de verdade. Mais tarde, quando a religião ficou mais sofisticada, as duas ideias foram separadas e desenvolveu-se a crença de que o deus "governava" o planeta correspondente.

Gradualmente, foi se formando um sistema altamente complexo no qual cada planeta tinha um conjunto específico de propriedades. Esse sistema foi desenvolvido em parte por meio dos relatórios dos sacerdotes e em parte graças às características naturais dos planetas. Viram que Marte parecia avermelhado, e por isso foi identificado com o deus Nergal, a divindade ígnea da guerra e da destruição.

Vênus, identificado pelos sumérios como sua deusa Inanna, era o planeta mais destacado nas manhãs, como se desse à luz o dia, por assim dizer. Portanto tornou-se o planeta associado às qualidades femininas do amor, da gentileza e da reprodução.

A observação dos planetas pelos sumérios era basicamente um ato religioso. Os planetas eram seus deuses, e cada objeto visível era associado a um ser espiritual invisível que julgava suas ações, abençoava-os com boa sorte ou lhes enviava tribulações.[1]

Portanto a Astrologia nasceu de observações cuidadosas e também do desejo dos sumérios de acrescentar significado às suas vidas. No início, servia a um propósito prático, o de ajudar nas plantações, e depois ela se desenvolveu em um sistema espiritual. Então a Astrologia encontrou seu caminho através de vastos continentes até chegar a nós aqui no Ocidente e, milhares de anos depois, ainda está conosco.

Bem, eis-nos aqui com Leão. O signo do leão. O símbolo real do leão, como Leão, não é apenas qualquer leão velho, ele é O LEÃO! Grrrr! Como ele conseguiu essas características? De onde elas vêm?

É isso que vamos aprender neste livro, e espero que você compreenda o que é importante para um leonino e como tornar a vida, o amor ou a existência com um leonino a experiência maravilhosa que deveria ser.

Mary English
Bath, junho de 2012

Capítulo 1

♌ O signo ♌

Creio que o Princípio que dá a vida habita em nós,
e sem nós provém da Inteligência Suprema por
intermédio dos Raios do Sol.

– Alan Leo

Leão é o quinto signo do Zodíaco. Para alguém ser considerado leonino precisa ter nascido geralmente entre 22 de julho e 22 de agosto. Digo *geralmente* pois depende do lugar do mundo em que você nasceu e da hora do dia. E se você nasceu durante as datas mencionadas acima, é bom conferir com um bom programa astrológico ou com um astrólogo para ter certeza de que seu Leão realmente é de Leão.

Se ele* nasceu bem cedo, na manhã de 22 de julho, talvez o Sol não tenha entrado no signo de Leão, e você pode ter um canceriano nas mãos.

---

* Para evitar construções repetitivas do tipo "se ele(a) é leonino(a)", mantive o gênero no masculino, exceto em casos específicos. (N. do T.)

Mas não precisa se preocupar, pois vamos usar um website astrológico suíço muito confiável, utilizado por astrólogos.

Cada signo do Zodíaco tem um planeta que "cuida" dele, nós o chamamos de "regente", e o regente de Leão é o Sol.

A vasta bola de fogo ardente que vemos no céu está conectada espiritualmente (e não literalmente) com nosso amigo, o leão.

A Enorme Estrela Ardente

Se eu tivesse de escolher uma religião
o Sol, como doador universal de vida, seria meu deus.

– Napoleão Bonaparte

Na Astrologia, chamamos todos os seres celestes de "planetas", o que não é tecnicamente correto. Na verdade, o Sol é uma estrela, e embora haja milhões de estrelas na nossa Via Láctea, o Sol é especial porque dependemos dele para nossa sobrevivência. Ele nos proporciona calor e luz, que são necessários para nós na Terra. Imagine como seria a vida se fosse frio e escuro o tempo todo. As plantas não conseguiriam crescer, pois dependem de luz para converter o dióxido de carbono em oxigênio por meio da fotossíntese... e se não houvesse oxigênio, morreríamos em menos de dez minutos. Não é uma ideia divertida, né?

Logo, para nós, o Sol é muito importante.

O Sol é chamado de "grande usina de força", pois ele é como uma gigantesca fornalha nuclear. Ele tem 1.392.000 quilômetros de diâmetro, é grande o suficiente para engolir a Terra um milhão de vezes, e produz 7 bilhões de toneladas de hidrogênio a cada segundo. Essa enorme liberação de energia faz com que o Sol brilhe, e ele vem fazendo isso há mais de 4,5 bilhões de anos, e esperamos que continue a fazê-lo por um período similar.[2]

Na verdade, o Sol não é amarelo. Isso é uma ilusão, pois ele de fato é uma enorme bola branca de gás sem limites sólidos, com uma temperatura de 5.500 °C. Os astrônomos estimam que a temperatura em seu núcleo pode chegar a 15.000.000 °C. É meio quente para um banho de sol!

Tem muita coisa acontecendo nele, por meio de manchas solares, atividade solar e coisas como "ejeções de massa coronal" lançando partículas eletricamente carregadas no espaço. Elas causam os espetáculos de luz celeste chamados de aurora boreal e aurora austral quando atingem a Terra, mas um excesso dessas atividades pode representar uma ameaça aos componentes eletrônicos de satélites e às linhas de transmissão de energia.

Como tudo mais, o excesso do que é bom também pode ser um problema.

Perguntei a alguns leoninos o que achavam do Sol. Eis o que disse Helena, uma jovem inglesa que trabalha em uma empresa de mídia em Portugal:

Eu não conseguiria viver sem o sol. Ele torna TUDO melhor! Ganho uma cor e fico como caramelo, e me sinto muuuito feliz quando o sol nasce. Depois de viver em Portugal, eu teria problemas para morar novamente na Grã-Bretanha, só por causa da falta de sol!

Clarissa é mãe em tempo integral e mora e trabalha no Canadá:

Adoro o sol porque ele melhora meu humor... Consigo pegar um belo bronzeado, mas tenho de tomar cuidado para não me queimar.

Laura tem vinte e tantos anos e mora e trabalha na Nova Zelândia como designer gráfica:

> *Adoro o sol. Gosto de me sentir aquecida. Não gosto do frio ou da umidade, prefiro um clima quente e seco. Minha pele é clara e não me bronzeio com facilidade. O verão é a minha estação favorita do ano. Sinto que tenho mais energia quando faz sol e tudo fica mais alegre. Gosto de poentes vermelhos, especialmente sobre a água.*

Julie tem setenta e poucos anos, mora no interior da Inglaterra e é dona de casa. Ela também ama o sol:

> *Amo o sol, saio o tempo todo. Gosto de fazer minhas refeições ao ar livre. As janelas e portas se abrem bastante para que o ar fresco possa entrar. Minha pele é clara, mas me bronzeio bem. O sol me faz sentir energizada.*

Margaret é uma praticante holística e mora nos Estados Unidos:

> *Não sou muito sensível à luz e fico bem bronzeada. Sempre gostei do sol e me entrego a ele. Para mim, ele me faz sentir viva; sinto-me feliz e posso sair de casa. O sol é nosso doador de vida, e sinto que ele me dá vida. Se o tempo fica úmido, consigo me virar. Posso me considerar uma adoradora do sol, no sentido de que gosto muito dele, mas não fico no sol o dia inteiro para me bronzear. Sem o sol, não teríamos vida.*

Só uma das pessoas para quem fiz a pergunta não se mostrou tão positiva sobre nossa estrela ardente. Diane é astróloga e mora no sul de Gales:

♌ O signo ♌

Não gosto do clima quente, minha pele queima com facilidade e por isso evito ficar sentada ao ar livre quando o sol está forte.

Perceba como todas elas (exceto Diane) incluíram em suas respostas algo como "eu adoro o Sol".

Lembro-me de que meu adorável sobrinho de Leão, que antes morava em Bristol, lamentava a falta de sol aqui na região Oeste do país. Nosso clima é muito temperado, parecido com o clima irlandês, e chove muito, motivo pelo qual temos tantas matas. Portanto ele estava ficando deprimido pelo fato de o sol não aparecer muito e acabou se mudando para o exterior.

O Sol é um planeta (lembre-se de que é uma estrela, na verdade) tão majestoso e magnífico que não deixa de exercer sua influência sobre nossos amigos leoninos, nascidos durante os meses do verão,* quando o Sol fica no zênite.

Qualidades e Elementos

Cada signo do Zodíaco tem uma qualidade e um elemento que o descreve. Leão tem a qualidade "Fixa", não gosta de mudanças, prefere que as coisas fiquem como estão (ou seja, que todos o venerem e o adorem) e gosta de certas coisas sem muita alteração. Seu Elemento é o "Fogo" (veremos mais sobre isso no final deste capítulo).

E quais são as outras qualidades de Leão, segundo os astrólogos?

Eis o que diz Colin Evans em seu *The New Waite's Compendium of Natal Astrology*, de 1967:

---

* Ao longo do livro, a autora se refere às estações do Hemisfério Norte. (N. do T.)

*Este signo pertence ao elemento Fogo e é de qualidade fixa. Os indivíduos de Leão são orgulhosos, apaixonados, ambiciosos, dominadores, honrados, irrepreensíveis, deleitam-se com tudo aquilo que é realmente grandioso na vida.*³

Eis o que diz Linda Goodman em seu *Linda Goodman's Sun Signs*:

*São homens e mulheres que nunca dependem dos outros. Com efeito, preferem que se apoiem neles. A responsabilidade pelos fracos e indefesos os atrai. Leão pode rosnar teatralmente, alardeando que todos dependem dele e que ele é forçado a levar o fardo todo, mas não dê a mínima para suas reclamações. Ele adora isso. Tente aliviá-lo de seu fardo ou dar-lhe uma mão e verá com que presteza Leão recusa sua ajuda com desdém.*⁴

E que tal ver o que disse A. T. Mann (que é leonino) em seu *The Round Art: The Astrology of Time and Place*:

*Leão governa a autoconsciência, o orgulho, os afetos, o amor por si mesmo e pelos outros, a criação, a confiança... autoglorificação, liderança, coragem, extroversão, amor pela diversão, arrogância...*⁵

Eis o que diz Christopher McIntosh em seu livro *Astrology, the Stars and Human Life: A Modern Guide*, de 1970:

A pessoa nascida com o Sol em Leão tem, quase invariavelmente, uma personalidade forte com gosto pela liderança. O signo sempre esteve associado a monarcas e governantes. Os defeitos que podem afligir o signo são a presunção, a vaidade, a pompa e a sede de poder. *Em seu lado mais positivo, porém, o leonino é uma pessoa muito agradável, calorosa e extrovertida, com grande capacidade para atrair amizade, lealdade e respeito dos demais.*[6]

Veja o que diz Rae Orion em *Astrology for Dummies*:

> **O lado ensolarado**
> *Você tem estilo. Se você é um leonino típico, você é generoso, extrovertido, leal e agradável (na maior parte do tempo)...*
> **O lado sombrio**
> *Por trás de sua personalidade exuberante, você se sentiria humilhado se alguém soubesse como você se esforça ou como é vulnerável, na verdade. Você deseja desesperadamente que as pessoas gostem de você...*[7]

O que dizem Marion D. March e Joan McEvers em *The Only Way to Learn Astrology*:*

> *Frase-chave:* **eu quero**... *dramático, idealista, orgulhoso, criativo, digno, generoso, autoconfiante, otimista, vaidoso, arrogante, pretensioso.*[8]

Eis o que Felix Lyle e Bryan Aspland afirmam em *The Instant Astrologer*:

> *autoconfiante, sincero, generoso, otimista, imutável, respeitável, espontâneo... e também arrogante, intolerante, desleixado, exibido, dominador, obcecado por si mesmo, pomposo, preguiçoso e autocrático.*[9]

---

* *Curso Básico de Astrologia*, publicado pela Editora Pensamento, São Paulo, 1988. (N. do T.)

Creio que podemos dizer com segurança que as principais palavras-chave para uma personalidade leonina são caloroso, expansivo, dramático, otimista e vaidoso.

Caloroso e Expansivo

Não há dúvidas de que caloroso e expansivo sejam características típicas do leonino. Nativos desse signo são brincalhões e parecem crianças (mas não são infantis, veja a seguir), e isso torna a convivência com o leonino divertida, e não exaustiva.

Os leoninos adoram exibir seu afeto comprando presentes escolhidos cuidadosamente. Veja alguns exemplos:

Eis Laura novamente:

> *Os melhores presentes que dei para as pessoas foram coisas que vieram do coração, como pinturas que fiz para amigos só porque sabia que eles iriam gostar da surpresa.*

Uma leonina para quem perguntei sobre presentes deu uma resposta muito simples:

> *O primeiro pônei da criança.*

Margaret também gosta de dar coisas que ela fez:

> *Poder dar coisas inesperadas, feitas à mão ou compradas, para familiares e amigos e ver suas expressões de surpresa.*

Jenny é uma escritora virginiana, casada, pela segunda vez, com um leonino. Ela fala de seu marido Patrick:

> *Ele é um dos homens mais atenciosos que já conheci. Ele se desdobra para ajudar um amigo. Já ouviu o ditado "Ele está em contato com seu lado feminino"? Definitivamente, Patrick é assim. Embora esteja absolutamente seguro de sua masculinidade, ele chora até em público.*
>
> *Ele apoia todas as minhas iniciativas. Eu nunca teria escrito ou publicado meus livros se não fosse por seu "vá em frente".*

Conheço leoninos que são excelentes em fazer as pessoas sentirem uma aura cálida e vaga de felicidade só por estarem em sua presença. É como se estivessem irradiando alguma energia oculta que gostamos de ter. E eles não se importam em lhe dizer ou demonstrar como gostam de você ou o amam. Você pode ter certeza de que aquele conhecido seu que organizou uma festa de aniversário surpresa, ou angariou fundos para alguma instituição de caridade, ou escreveu "Te amo" no céu com um avião deve ser leonino.

Dramático

Sempre achei que devia ser tratada como uma estrela.
– Madonna

Meu dicionário define "dramático" como "do drama, algo súbito, excitante ou inesperado, acentuadamente marcante". Creio que isso resume parte da personalidade de Leão.

O drama de que o leonino gosta pode ser literal, como aparecer no rádio ou na TV, ou figurado, como ser "teatral", querendo que tudo e todos girem ao seu redor.

Esta é Isabella descrevendo seu filho Harry quando ele era pequeno:

> *Tem alguma coisa teatral nele. Harry foi um garotinho dramático e queria ser visto. Nunca foi tímido e tinha muita confiança perto de adultos. Gostava de festas, especialmente aquelas nas quais recebia muita atenção. Quando tinha uns 3 anos, saímos para passear e tomamos chá num salão da cidade que tinha um palco. Harry subiu no palco e começou a dançar para que todos o vissem. Foi muito engraçado, e ele fez todos rirem. Na verdade, foi difícil tirá-lo do palco na hora de ir embora...*

Como Leão é um signo de Fogo, reage rapidamente às coisas e se ofende com facilidade. Ele prefere uma plateia que o admira, por menor que seja. Não que isso seja negativo. Ele realmente gosta ou desfruta da atenção dos outros. Conheço um pai de Leão que, infelizmente, morreu de câncer. Até no seu leito de morte ele se encantou com um quarteto de músicos fazendo uma serenata para ele no hospital onde era paciente. Compare isso com um virginiano, que provavelmente se encolheria todo se alguém falasse mais alto numa ala de hospital, imagine se ele suportaria quatro moças tocando violino, viola, violoncelo e flauta.

Do lado literal do drama, é enorme a quantidade de atores, cantores, bailarinos e pessoas criativas de Leão que gostam de usar seu talento para divertir e entreter os demais.

♌ O signo ♌

Quando perguntei a meus voluntários leoninos como eles gostavam de se mimar, nenhum deles sugeriu um cenário discreto e doméstico:

Ajudar as pessoas, especialmente de forma criativa... Atualmente, sou voluntária no Centro de Artes local e adoro isso! Também gosto de levar o cachorro para passear, de caminhar ao ar livre e de fazer qualquer coisa criativa. Acabei de participar da Race for Life (Corrida pela Vida) e isso me fez muito feliz... tanto pelas doações obtidas quanto pela participação. Eu gostaria que me levassem numa viagem pelo interior ou pelo mar, queria passar um dia adorável com ótima comida e sem me preocupar com despesas.

Otimista

Acho que nunca conheci um leonino realmente triste. Já vi leoninos deprimidos, mas isso não é o mesmo que lamurioso ou triste. Não significa que não existam, mas até agora eles não marcaram uma consulta comigo. Os leoninos que recebi, mesmo quando estavam se sentindo mal, queriam conversar, e saíram sentindo que aquilo que eles iam fazer ou tinham feito recebeu um aval.

Ao contrário dos signos de Ar, não preciso apresentar bilhões de ideias para ajudá-los. Não, eles só querem saber que aquilo que estão fazendo está "certo". O que pode ser um pouco subjetivo. Como todo signo fixo, Leão não gosta de mudanças, e desde que aquilo que esteja planejando ou com que esteja envolvido seja legal e decente, eu nem discuto.

Seu otimismo costuma girar em torno de sua visão de vida, que geralmente é positiva.

Alan é um leonino escritor e homeopata que mora e trabalha nos Estados Unidos. Ele também publica um boletim *on-line* sobre homeopatia e cria pequenos cartuns sobre o tema para fazer as pessoas sorrirem.

Eis sua opinião sobre o otimismo:

> *Para mim, otimismo não é a ideia de que a sorte sempre sorri para nós, mas a crença em que os problemas podem ser resolvidos e as crises devem ser enfrentadas, desde que estejamos presentes, mantenhamos nossa coragem e fiquemos abertos para todas as possibilidades. É útil compreender que boa sorte e má sorte estão profundamente ligadas, e uma sempre leva à outra.*

Eles veem a vida como um lugar alegre, com muita coisa divertida acontecendo, com as pessoas se entendendo e ajudando umas às outras. Quando eu era criança, uma escritora popular era a leonina Enid Blyton. Ela só escrevia livros infantis e criou a série Noddy e os Cinco Famosos com títulos empolgantes como *Five on a Treasure Island* e *Five Have a Mystery to Solve*.

Em um de seus livros, um personagem diz o seguinte:

> *O melhor jeito de tratar os obstáculos é usá-los como pedras de apoio. Ria deles, apoie-se neles e deixe-os levá-lo até algo melhor.*

Isso quase poderia ser uma invocação para Leão.

Vaidoso

Meu dicionário define vaidade como "presunção e desejo de admiração em função de realizações ou atrativos pessoais".

O lado negativo da personalidade leonina é a tendência que os leoninos pouco evoluídos têm de ser obcecados consigo mesmos. Eles podem pensar que o mundo todo gira em torno deles, o que não é totalmente correto, pois sabemos que a Terra gira em torno do Sol...

Lembro-me de uma música da época da minha adolescência chamada *You're So Vain* (Você é tão vaidoso), da Carly Simon (que tem o Sol em Câncer), cujo o refrão é "provavelmente você pensa que esta música é sobre você", o que resume muito bem o tipo de problema que enfrentamos quando o ego do leonino fica muito inchado.

Ele constrói a ideia, na sua mente, de que é a pessoa mais importante de sua família, de sua cidade, de seu país... e, se você tiver muito azar, do mundo. Esse problema de egocentrismo só acontece por conta da profunda necessidade de ser reconhecido e admirado pelos demais.

Há leoninos conscientes dessa vaidade. Ted Hughes, leonino e poeta premiado, escreveu um poema chamado "The Decay of Vanity" (A decadência da vaidade):

> Agora, faz sete anos desde que você foi a Rainha / Que me coroou Rei: e seis anos desde que seu fantasma / Deixou seu corpo frio em meus braços como uma pedra...[10]

Adorei o modo como o poema inclui um Rei, uma Rainha e a Vaidade de uma só vez, e isso foi escrito por um leonino!

Há algumas frases leoninas adoráveis, atribuídas a Napoleão Bonaparte:

> *Às vezes, sou raposa, às vezes, leão. O segredo de governar está em saber quando ser um ou o outro.*

E

> *A manada busca quem é grande, não por ele, mas por sua influência; e o grande a recebe por vaidade ou necessidade.*

Faz a gente se perguntar se a receptividade de Napoleão se dava pela vaidade ou pela necessidade!

Ser Infantil *Versus* Ser como Criança

Leão tem uma visão do mundo maravilhosa, como se fosse uma criança. Ele vê no mundo os raios de luz e adora se encantar com as coisas, sempre com seu "uau". Gosta da companhia de seus admiradores, de ser o centro das atenções, de sentir que todos são amigos.

Essa visão, semelhante à das crianças, às vezes pode se tornar infantil, o que é uma coisa completamente diferente.

Uma vez, trabalhei com uma leoaina. Seu pai era alcoólatra, e ambos tiveram uma vida horrível. Ela ainda não tinha saído de casa, embora estivesse com trinta e tantos anos, e me dizia (constantemente) que queria se casar e ter filhos, mas não conseguia crescer.

Para "crescer", ela teria que sair de casa, mas seu pai estava convencido de que ela tinha um transtorno de personalidade, quando na verdade a bebida deve ter prejudicado seu julgamento.

Ele tinha sido psiquiatra, era violento e maltratava verbalmente a família. Essa pobre mulher me disse que não conseguia conversar com seu pai e que ele lhe dizia o que ela devia fazer... mas seu relacionamento parecia codependente e impossível de se avaliar.

Finalmente, ela foi morar sozinha, mas seu pai ainda a repreendia e a aborrecia, e vivia dizendo que ela era inútil e doente e que ninguém iria querê-la. Ele dizia que ela precisava de tratamento, e ela dizia que ele era dominador.

Seus pais tinham se divorciado litigiosamente.

Essa mulher teve muita dificuldade para lidar com o processo de crescimento. De seu ponto de vista, tudo que os adultos faziam causava tristeza e descontentamento, e por isso, para continuar a morar com seu pai, ela permaneceu como seu bebê, para ser amada e cuidada. Só que não havia cuidados, só raiva e mal-entendidos.

Só quando sua mãe morreu é que ela conseguiu ver como a presença de seu pai (um geminiano) a afastara de seus sonhos, e um dia ela simplesmente desapareceu da cidade, e eu nunca mais a vi. Espero que ela esteja conseguindo se sustentar.

Gatos e Bichos de Estimação

Conheci outra leonina que criava gatos persas *muito* caros. Ela se preocupava constantemente com eles. Seus filhos já tinham saído de casa, e os gatos eram como bebês substitutos. Visitei-a em casa, e ela levou os gatos para outro cômodo, pois eles eram um pouco tímidos e ruidosos. Ela me deixou dar uma olhada na sala onde estavam os gatos, e devo dizer que foi a coisa mais estranha que já vi. Lá estavam os cinco gatos. Estavam imaculadamente apresentáveis, todos com colares com uma gravatinha borboleta. Pareciam tão contentes e bem tratados quanto gatos podem ser e tinham um quê de "reverenciem-me" em torno deles. Seus focinhos pareciam empinados, como se dissessem *"espero que você perceba como sou maravilhoso"*.

O leonino Percy Bysshe Shelley tinha um ótimo relacionamento com seus gatos e escreveu:

> *Quando meus gatos não estão felizes, eu não me sinto feliz. Não porque eu ligue para o humor deles, mas porque sei que eles ficam sentados ali, pensando em maneiras de ajustar as contas.*

Alguns autores leoninos como George Bernard Shaw tinham uma visão ainda mais forte:

> *Os animais são meus amigos... e eu não como meus amigos.*

Todavia nem *todos* os leoninos gostam de gatos. J. K. Rowling é alérgica a eles, mas muitos leoninos gostam de ter bichos de estimação.

Capítulo 2

♌ Como montar um mapa astral ♌

Hoje em dia, montar um mapa astral é muito mais fácil. Antes da invenção dos computadores, não muito tempo atrás, você precisava conseguir um negócio chamado Efemérides, que relacionava todos os planetas em seus signos, depois situar o local de nascimento, com longitude e latitude, e levar em conta coisas aleatórias como "hora local" e "hora de guerra", e aquela coisa terrivelmente irritante, "horário de verão", colocando isto aqui e aquilo ali. Eu não gostava nem de pensar em montar um mapa astral antes de ser fácil. E hoje é muito fácil.

Você só precisa conhecer três informações pessoais para obter três informações astrológicas:

A data de nascimento, o horário de nascimento e o local de nascimento.

Isso vai lhe dar o signo solar, o Ascendente (o signo que se eleva no horizonte) e o signo lunar da pessoa para quem você está fazendo o mapa.

Bem, e onde obtemos essas informações astrológicas? Isso vai custar alguma coisa?

A resposta é: na Internet, e (por enquanto) é de graça.

O website que vamos usar foi criado pela empresa Astrodienst, que significa Serviço Astrológico em alemão, sediada na Suíça, com vista para o Lago Zurique.

O endereço do site é www.astro.com, que é bem fácil de lembrar. Há diversos websites que podem calcular o mapa de graça, mas o motivo pelo qual vamos usar este é sua confiabilidade. Algumas coisas são gratuitas, mas certamente não são precisas, confiáveis ou úteis.

Vá até o site e crie uma conta.

Digite todos os dados.

Você vai precisar conhecer a data, a hora e o local de nascimento de seu leonino.

Se não tiver certeza da hora, use 6h00 (seis da manhã), mas você terá de pular os Capítulos Três e Cinco, sobre as casas e o Ascendente.

Depois que tiver digitado todos os dados –

Data

Horário

Local de nascimento

– você pode pedir o cálculo do mapa.

Quando estiver tudo pronto, volte ao site e descubra uma página chamada Free Horoscopes (horóscopos gratuitos).

Nessa página, desça até a parte de baixo e descubra a página chamada Extended Chart Selection (Seleção Estendida de Mapas).

Esta é a página que vai lhe permitir montar um mapa usando um sistema diferente daquele adotado por padrão, que é chamado de Placidus. Ele foi inventado por um sujeito chamado Placidus e torna os segmentos do mapa, que chamamos de casas, desiguais; é um método mais moderno e quase todo site e programa de computador o utiliza. Eu prefiro o sistema mais antigo chamado de Casas Iguais, que, como o nome sugere, faz com que as casas (segmentos) do mapa tenham tamanhos iguais.

Agora, você está na página Extended Chart Selection.

Vão aparecer muitas caixas com várias coisas escritas. Não se preocupe; ignore todas, exceto aquela que diz Sistema de Casas.

Na caixa que diz "default" (padrão), precisamos mudar o sistema para "equal".

Agora, clique no botão que diz "show the chart" (mostre o mapa), e, na página seguinte, vai aparecer o mapa desejado.

Isso é tudo que você precisa fazer.

Você verá muitas linhas indo de planeta para planeta; ignore-as. Precisamos apenas de três informações.

O **signo** do Ascendente, o **signo** da Lua e a localização ou **casa** do Sol.

As casas são numeradas de 1 a 12 no sentido anti-horário.

As formas abaixo representam os signos; descubra a que simboliza o signo que você procura. Essas formas são chamadas de glifos.

Áries ♈
Touro ♉
Gêmeos ♊
Câncer ♋
Leão ♌
Virgem ♍
Libra ♎
Escorpião ♏

Sagitário ♐
Capricórnio ♑
Aquário ♒
Peixes ♓

Este é o símbolo do Sol: ☉
Este é o símbolo da Lua: ☽

Os Elementos

Para compreender plenamente o seu leonino você precisa levar em conta os Elementos em que estão seu Ascendente e sua Lua.

Cada signo do Zodíaco está associado a um elemento sob o qual ele opera: Terra, Ar, Fogo e Água. Gosto de imaginar que eles atuam em "velocidades" diferentes.

Os signos de **Terra** são **Touro**, **Virgem** e **Capricórnio**. O Elemento Terra é estável, arraigado e ocupa-se de questões práticas. Um leonino com muita Terra em seu mapa funciona melhor a uma velocidade bem baixa e constante (refiro-me a eles no texto como "Terrosos").

Os signos de **Ar** são **Gêmeos**, **Libra** e **Aquário** (que é o "Aguadeiro", mas *não* um signo de Água). O Elemento Ar gosta de ideias, conceitos e pensamentos. Opera numa velocidade maior que a dos signos de Terra; não é tão rápido quanto o Fogo, mas é mais veloz do que a Água e a Terra. Imagine-o como tendo uma velocidade média. (Refiro-me a eles como signos "aéreos".)

Os signos de **Fogo** são **Áries**, nosso amigo **Leão** e **Sagitário**. O Elemento Fogo gosta de ação e excitação e pode ser muito impaciente. Sua velocidade é *muito* alta. (Refiro-me a eles como Fogosos, ou seja, do signo de Fogo.)

Os signos de **Água** são **Câncer**, **Escorpião** e **Peixes**. O Elemento Água envolve sentimentos, impressões, pressentimentos e intuição. Opera a uma velocidade maior que a dos signos de Terra, mas não tão rápido quanto o Ar. Sua velocidade seria entre lenta e média. (Chamo-os de signos Aquosos.)

Capítulo 3

♌ O ascendente ♌

Nome: ♂ Mick Jagger
Nascido numa segund-feira, 26 de julho de 1943
Em Dartford, Inglaterra (RU)
0e14. 51n27

Hora: 2h30
Hora Universal: 0h30
Hora Sideral: 20h42min17s

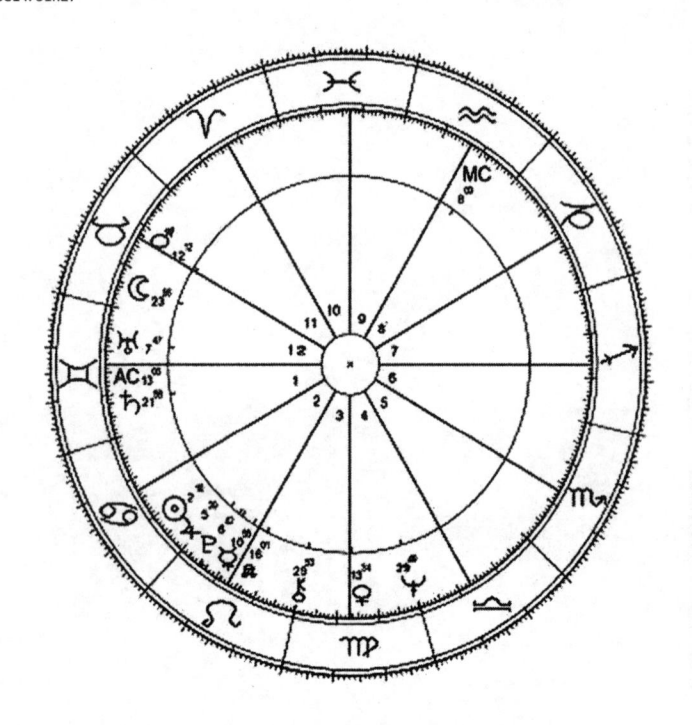

♌ O ascendente ♌

Em nosso mapa de exemplo, vamos usar os dados de nascimento de Mick Jagger, o vocalista dos Rolling Stones. Muita gente já ouviu falar dele e conhecemos o horário e o local de seu nascimento, por isso seu mapa será preciso.

Mick nasceu em 26 de julho de 1943, às 2h30 da manhã, em Dartford, Inglaterra.

Se você digitar esses dados, vai obter um mapa parecido com o apresentado na página anterior. O mapa terá muitas linhas entre os planetas, mas eu as retirei porque elas deixam o mapa um pouco confuso. Basta ignorá-las, pois não vamos precisar delas para este propósito.

Se você estudar bem o mapa da página anterior, verá as iniciais ASC na posição quinze para as nove.

Esta é uma taquigrafia astrológica para o Ascendente. No mapa de Mick, o Ascendente está no signo de Gêmeos. Ao redor do círculo ficam todos os signos do Zodíaco, que estudamos no capítulo anterior, por isso volte um pouco e observe-os.

Este é o símbolo de Gêmeos ♌, e, como você verá no mapa de Mick, as iniciais AC se encontram no meio desse signo.

Bem, sabemos que Mick é leonino, pois ele nasceu no dia 26 de julho, mas como ele nasceu cedo, o signo que se elevava no horizonte oriental às 2h30 no seu local de nascimento era Gêmeos. Se ele tivesse nascido às 4h... seria Câncer, e se tivesse nascido às 6h... seria Leão, motivo pelo qual o *horário* de nascimento é importante.

Na Astrologia, consideramos o Ascendente como a parte mais importante do mapa; por isso, se você não sabe o horário de nascimento, não vamos utilizar esse signo; pode pular este capítulo.

O Ascendente é como os óculos que você usa, a cara que você faz para as pessoas quando é apresentado a elas, a parte que se destaca quando você está estressado ou na berlinda. A maioria das pessoas nunca reconhece o seu signo solar. Se elas o conhecem apenas casualmente, o que "verão" e vivenciarão é seu signo Ascendente.

Como ele é definido por seu momento de nascimento, ele é o "modo" pelo qual você veio ao mundo. Se o seu Ascendente é Touro, você nasceu com toda a calma, veio ao mundo lenta e deliberadamente. Se o seu Ascendente é Áries, talvez você tenha vindo ao mundo cheio de energia e berrando!

Isso não representa "quem" você é, apenas seu modo de vida.

Um leonino com Ascendente em Áries será mais ativo, vigoroso e talvez mais agressivo do que um leonino com Ascendente em Peixes, que será mais "suave" e emotivo.

Mick não deixa de ser leonino, quanto a isso, não há dúvidas, mas seu Ascendente está em Gêmeos, dando-lhe o "dom da palavra", tornando-o capaz de conversar e de tagarelar até em outras línguas! Ele é bilíngue. Vi um vídeo no YouTube no qual ele falava francês muito bem durante uma entrevista curta, e ele ouvia e respondia às perguntas em francês.

Bem, eu reuni os diversos signos Ascendentes que seu leonino pode ter, e cada exemplo traz uma pequena citação de um leonino que sabemos que tem aquele Ascendente.

♌ O ascendente ♌

Ascendente em Áries

*Os músicos não se aposentam; eles param
quando não há mais música neles.*

– Louis Armstrong

Como primeiro signo do Zodíaco e representado pelo Carneiro, o Ascendente em Áries é destemido e corajoso na maior parte do tempo. Gosta de agir com rapidez, tendo soluções orientadas para a ação e fazendo desta uma combinação veloz para um leonino. É pouco provável que fique sentado esperando as coisas acontecerem. Provavelmente, será um instigador e iniciador.

Ascendente em Touro

*Tudo que merece ser feito merece
ser feito lentamente.*

– Mae West

Representado pelo Touro, para um leonino, este Ascendente dá uma abordagem mais firme à vida. Ele gosta de fazer tudo com calma, agradando aos sentidos e assumindo uma perspectiva sensorial prática. Se não quiser fazer determinada coisa, certamente não será persuadido, de modo algum.

Ascendente em Gêmeos

*Muitas vezes, as músicas são parte de um momento
que você acaba encapsulando. Elas vêm até você,
você as escreve, você se sente bem nesse dia, ou mal nesse dia.*

– Mick Jagger

Gêmeos adora uma conversa e a possibilidade de tagarelar em qualquer língua com qualquer um. Ele pode ser bilíngue ou poliglota, bom de papo, e adora discutir noite adentro. Seu celular está sempre à mão, e um leonino com esse Ascendente vai gostar de conversar com todo mundo.

Ascendente em Câncer

*As pessoas não tentam mostrar seus
sentimentos, tentam escondê-los.*
– Robert De Niro

Como signo mais sensível do Zodíaco, o Ascendente em Câncer confere a Leão uma postura direcionada à família. Ele vê a vida através de lentes cor-de-rosa, é caseiro e vai querer abraços, aconchego e filhotes à sua volta.

Ascendente em Leão

Todos serão famosos por quinze minutos.
– Andy Warhol

Um leonino com Ascendente em Leão não consegue ser ignorado. Você o identifica a cinquenta passos. São confiantes, olham para o mundo através de lentes otimistas e conseguem fazer com que os outros se entusiasmem tanto com o que estão fazendo quanto eles próprios. Este Ascendente acrescenta um pouco mais de qualidades leoninas.

Ascendente em Virgem

*As gêmeas são ótimas viajantes. Naturalmente,
nunca colocamos sua saúde em risco,
pois a consideramos o mais importante.*

– Roger Federer

Este é um Ascendente um pouco complicado para um leonino, pois gosta das coisas calculadas, exatas, na hora, perfeitas. E seu signo solar quer que as coisas sejam feitas o mais rápido possível sem pensar nas consequências. O resultado é uma pessoa mais cautelosa, mais cuidadosa e com sua atenção voltada à saúde. Definitivamente, trabalho para malabarista.

Ascendente em Libra

*O flerte começa de forma inocente,
mas pode ficar quente e pesado.*

– Sydney Omarr

Libra é o signo dos relacionamentos, especialmente os românticos. Ele quer cobrir o mundo de amor e que todos tenham paz e felicidade. Preferem pessoas educadas e graciosas, com bom gosto e requinte. Um ambiente harmonioso e agradável faz com que se sintam confortáveis e contentes.

Ascendente em Escorpião

*Sempre quis ter uma carreira solo,
lá bem no fundo mais sombrio,
mas eu não admitia isso nem para mim mesma.
Demorou um bocado para eu enfrentar meus medos.*
– Geri Halliwell

Este é o Ascendente que corre riscos e penetra os lugares mais obscuros e profundos, dos quais os outros fugiriam rapidamente. Um leonino com Ascendente em Escorpião não tolera insensatez e gosta de forçar os limites da transformação, sempre focado e intenso. Adora sentir que está no comando.

Ascendente em Sagitário

Ah, eu sou linguarudo. Falo demais.
– Sean Penn

Como Sagitário é governado pelo benevolente Júpiter, o "deus que torna tudo maior", pode ter certeza de que um Leão com este Ascendente estará lançando suas flechas de exagero diretamente sobre você. Como outro signo de Fogo, ele será ativo, enérgico e tomado por uma grande consciência de si mesmo. Sua visão de vida será filosófica e ele vai se deleitar com viagens, conhecendo outras culturas.

Ascendente em Capricórnio

*Na vida, as melhores coisas vêm com esforço,
mas a sabedoria é a mais difícil de encontrar.*
– Lucille Ball

Capricórnio é regido pelo severo Saturno, o deus dos golpes fortes, e por isso um leonino com este Ascendente terá uma visão de vida mais realista. Ele terá consciência do esforço necessário para conquistar seus sonhos e ser prático e verdadeiro. Mesmo que isso signifique tocar em assuntos que talvez você não queira discutir.

Ascendente em Aquário

*Se você quiser optar pelo que é seguro, não deve apoiar
um negro chamado Barack Obama para
ser o próximo líder do mundo livre.*
– Barack Obama

Este é o signo que ama a liberdade acima de tudo. Não é possível limitar sua independência ou seu amor pela amizade e pela humanidade. Leoninos com este Ascendente adoram computadores, equipamentos técnicos e tudo que tenha a etiqueta "novo" grudada.

Ascendente em Peixes

*Quando todos os meus sonhos estão a uma batida
do coração de distância e as respostas cabem a mim.
Dê-me um momento no tempo.*
– Whitney Houston

Como Peixes é o signo da intuição e das emoções extraordinárias, não fica muito à vontade com o Sol em Leão e pode produzir alguém que se sente confuso e inseguro na maior parte do tempo. Num dia positivo, essas habilidades extrassensoriais ajudam-no a se sintonizar com seu propósito na vida. Num dia ruim, ele não consegue despertar para o mundo real e opta pela fuga.

Capítulo 4

♌ A lua ♌

Se na Astrologia o Sol representa nosso "ego", ou "quem" somos, então a Lua, tal como na vida real, reflete a luz do Sol e representa nossos sentimentos ou nosso eu interior. Aquela parte de nós que mostramos quando estamos emotivos.

Podemos dizer que o Sol é masculino e a Lua é feminina, mas essas distinções não são muito relevantes hoje em dia. É mais correto dizer que simbolizam nosso eu ativo e nosso eu passivo.

Não estou sugerindo que temos personalidades múltiplas; o que estou sugerindo é que temos uma porção consciente e outra subconsciente. Em nosso mapa de exemplo, Mick tem a Lua no signo de Touro; assim, apesar de ser leonino com toda aquela energia agressiva e direta, emocionalmente ele aprecia boa comida e sensualidade. E se você ler alguns artigos mais antigos sobre ele, verá que, com o consumo de drogas e festas alucinantes, isso faz sentido.

Portanto a Lua astrológica é a forma como reagimos a coisas que têm um componente emocional. E é uma boa ideia descobrir seu próprio signo lunar e o dos leoninos que você conhece.

Compreendendo seu signo lunar e solar, você está a ponto de aceitar profundamente quem você é. Imagine. Aí está você, com seu sensível signo solar de Câncer, e sua Lua está no ativo e gregário Sagitário... e você não consegue entender por que deseja viajar o tempo todo, se o horóscopo do jornal diz que você é uma pessoa caseira.

Nunca entendi a descrição do meu signo solar, Peixes, até descobrir que minha Lua está no tagarela signo de Gêmeos. Não fazia sentido eu ser tão faladora e expressiva. Agora eu entendo!

Portanto descubra o signo lunar de seu leonino e você estará a caminho do verdadeiro conhecimento.

As Essências Florais do Dr. Bach

Em 1933, o Dr. Edward Bach, médico homeopata, publicou um pequeno livro chamado *The Twelve Healers and Other Remedies*.* Sua teoria era de que se o componente emocional que uma pessoa estivesse sentindo fosse removido, sua "doença" também iria desaparecer. Costumo concordar com esse tipo de pensamento, pois a maioria das doenças (exceto ser atropelado por um ônibus) é precedida por um evento desagradável ou por uma perturbação emocional que faz com que o corpo saia de sintonia. Remover o problema emocional e proporcionar alguma estabilidade à vida de uma pessoa, quando ela está passando por um momento difícil, pode melhorar tanto sua saúde geral que ela volta a se sentir bem.

Saber qual Essência Floral de Bach pode ajudar a reduzir as preocupações e os abalos dá a seu leonino mais controle sobre

---

* *Os Remédios Florais do Dr. Bach – Incluindo Cura-Te a Ti Mesmo e Os Doze Remédios*, publicado pela Editora Pensamento, São Paulo, 1990.

a vida. Recomendo muito as essências em minha prática profissional quando sinto que alguma parte do mapa da pessoa está sob estresse... e geralmente é a Lua que precisa de ajuda. As essências descrevem os aspectos negativos do caráter, que são abordados durante o tratamento. Essa conscientização ajuda a inverter essas tendências, e por isso, quando nosso eu emocional está bem e confortável, podemos enfrentar o dia com mais forças.

Para cada signo, citei as palavras exatas do doutor Bach.

Para usar as Essências, pegue duas gotas do concentrado, ponha-as num copo com água e beba. Costumo recomendar que as Essências sejam adicionadas a uma pequena garrafa de água para que sejam bebericadas pelo menos quatro vezes ao longo do dia. No caso de crianças pequenas, faça o mesmo.

Lembre-se de procurar um médico e/ou orientação profissional caso os sintomas não desapareçam.

Veja a seguir os signos lunares que seu leonino pode ter. Novamente, incluí pequenas citações para ilustrar o modo como a Lua em cada signo se expressa junto ao Sol em Leão.

Lua em Áries

Se você não foi rebelde com vinte anos,
você não tem coração.
– Kevin Spacey

Esta é a Lua que se irrita com as coisas, mas que, como uma tempestade de verão, passa logo, e ela volta ao "normal". São pessoas ativas e vigorosas em termos emocionais e totalmente sinceras com relação a seus sentimentos. O Carneiro se esforça para conseguir o que quer; logo, se você se opuser a ele, vai ter briga.

Essência Floral de Bach *Impatiens*:

Para os que são rápidos de raciocínio e ação e que desejam que tudo seja feito sem hesitação ou demora.

Lua em Touro

Nunca resisto às tentações, pois descobri que
as coisas que são ruins para mim não me tentam.
– George Bernard Shaw

Esta Lua gosta de tudo que é sensual, sexy. Chocolates, bons vinhos, lençóis de seda, tudo para que os sentidos sejam mimados e satisfeitos. Touro gosta que as coisas sejam constantes e imutáveis, por isso a rotina é tão importante quanto as refeições na hora certa.

Essência Floral de Bach *Gentian*:

Para os que se desencorajam facilmente. Podem progredir bem no que se refere às doenças ou questões da vida diária, mas qualquer imprevisto ou obstáculo a seu progresso gera dúvidas e logo se deprimem.

Lua em Gêmeos

Guarde seus pensamentos ambulantes com cuidado e zelo,
pois a fala é apenas o comerciante dos pensamentos,
e qualquer tolo pode ler claramente em suas palavras
a hora certa de seus pensamentos.
– Alfred Lord Tennyson

Como eterna criança, Gêmeos nunca quer crescer! Este é o signo lunar das duas opções e opiniões, pois são os gêmeos celestes. Gostam de discussões, argumentos, conversas e das coisas intelectuais e interessantes (pois é um signo de Ar). Viagens curtas também são apreciadas.

Essência Floral de Bach *Cerato*:

Para os que não têm confiança suficiente em si mesmos para tomar as próprias decisões.

Lua em Câncer

Sonhos rodearam-me, eu disse, da despreocupada e ensolarada infância; visões alimentadas pela ardente fantasia, pois a vida estava no primor matinal.

– Emily Brontë

A Lua em Câncer se sente mais feliz quando está consciente de suas emoções; sente-se segura, cuidada, acolhida e reconfortada. Como Câncer é "regido" pela Lua, ela está em casa. Pode ser rabugenta e sujeita a flutuações de humor, mas também ama profundamente. Ama a mãe, o lar e todas as coisas mais antigas e tradicionais.

Essência Floral de Bach *Clematis*:

Alimentam esperanças de tempos melhores, quando seus ideais poderão ser realizados.

Lua em Leão

*Eu não sou o presidente. Na verdade,
tenho um cargo ainda mais elevado,
o de cidadão dos Estados Unidos.*
– Martin Sheen

Esta é uma Lua alegre e otimista, mas ignore-a e você correrá riscos! Ela adora se cobrir com o brilho do amor de seu grupo de seguidores, desfruta o tratamento com tapete vermelho, estremece se você se esquece do nome dela e adora quando você a trata efusivamente por sua generosidade, que é grandiosa.

Essência Floral de Bach *Vervain*:

Para aqueles que têm ideias e princípios rígidos que consideram certos.

Lua em Virgem

*Comida saudável pode ser boa para a consciência,
mas Oreos são muito mais saborosos.*
– Robert Redford

Como Virgem é o signo da saúde, da cura e da análise, num dia positivo, seu poder de classificação é uma bênção, e ele tem uma memória imensa para informações irrelevantes. Põe com satisfação os pingos nos "ii" e corta os "tt", lembrando-o de que você disso isso ou aquilo em certa data.

Essência Floral de Bach *Centaury*:

Sua natureza boa as conduz a fazer mais do que a sua parte do trabalho e, ao fazerem isso, negligenciam a própria missão nesta vida.

Lua em Libra

O que um homem faz para ganhar a vida tem pouca importância.
O que ele é, como instrumento sensível que
reage à beleza do mundo, é tudo!

– HP Lovecraft

Este é o signo clássico da indecisão, simbolizado pela balança, que representa o signo de Libra. Devo fazer isto ou aquilo? Ou aquela outra coisa? Suas preocupações se concentram nos relacionamentos pessoais e ele se sente melhor com um anel no dedo e alguém para amar. Justiça e equilíbrio também são importantes.

Essência Floral de Bach *Scleranthus*:

Para aqueles que sofrem muito por serem incapazes de decidir entre duas coisas, inclinando-se ora para uma, ora para outra.

Lua em Escorpião

A tela é um meio mágico. Tem poder a ponto de reter o interesse,
pois traduz emoções e humores que nenhuma
outra forma de arte pode esperar obter.

– Stanley Kubrick

Se você imaginar um vermelho profundo, profundo, terá uma ideia do que significa ter uma Lua em Escorpião. Sentimentos profundos, pensamentos profundos e até ressentimentos profundos se a pessoa se sentir frustrada em seus desejos. Não há meio-termo. É tudo ou nada. Se você estiver do seu lado, ela vai acompanhá-lo nos bons e nos maus momentos. E não se deterá diante de nada, se você não estiver.

Essência Floral de Bach *Chicory*:

Estão continuamente afirmando o que consideram errado e o fazem com prazer.

Lua em Sagitário

*A única coisa de que me arrependo é que meu trabalho
exigia um tempo enorme de mim, e muitas viagens.*
– Neil Armstrong

Como signo de Fogo e uma das Luas mais ágeis e rápidas, a Lua em Sagitário quer a resposta para todas as perguntas da vida, ou, no mínimo, quer fazê-las e investigá-las. Qualquer tipo de aprendizado ou de ensino mantém esse nativo ocupado, pois ele vai entrar em contato com outros países e outras civilizações. Do lado negativo, adora "ter razão", por isso tome cuidado para não pôr em xeque suas crenças de forma exagerada.

Essência Floral de Bach *Agrimony*:

Escondem suas preocupações por trás de seu bom humor e de suas brincadeiras e tentam suportar seu fardo com alegria.

Essa Essência aparece sob o subtítulo "Sensibilidade excessiva a influências e opiniões".

♌ A lua ♌

Lua em Capricórnio

*Quando você passa por momentos difíceis e
decide não desistir, isso é ter força.*
– Arnold Schwarzenegger

Capricórnio é governado pelo severo Saturno, o planeta dos "golpes duros". Ele aprende desde cedo que a vida não é sempre leve e divertida. Ele prefere assuntos sérios, ideias sensatas e uma vida construída sobre bases firmes. Suporta melhor os problemas do que qualquer outro signo e é estoico no modo de enfrentar os desafios da vida.

Essência Floral de Bach *Mimulus*:

Para medo de coisas terrenas: doenças, dor, acidentes, pobreza, escuridão, solidão, infortúnio. São os medos da vida diária. As pessoas que necessitam deste medicamento são aquelas que, de forma silenciosa e secreta, carregam consigo medos sobre os quais não falam a ninguém.

Lua em Aquário

*Tive amigos, mas passava boa parte do meu tempo sozinha,
e para mim isso era vital, pois você aprende
muito a seu respeito quando está sozinho.*
– Kate Bush

A amizade com "A" maiúsculo rege Aquário. Governado pelo amalucado Urano, permite o nascimento de ideias e amizades estranhas e maravilhosas. Cheio de criatividade e de pensamentos alucinantes, ele vai atraí-lo para sua visão de mundo, que é inclusiva e utópica. Se ele é feliz ou não como ser humano, isso é discutível.

Essência Floral de Bach *Water Violet*:

Para aqueles que gostam de ficar sozinhos, de ser independentes, são capazes e autoconfiantes. São indiferentes e seguem seu próprio caminho.

Lua em Peixes

Como você pode achar que o Flower Power está ultrapassado?
A essência de minhas letras é o desejo de paz e harmonia.
É tudo que qualquer um pode desejar.
Como isso pode ficar fora de moda?
– Robert Plant

Como último signo do Zodíaco e sumamente sensível a fadas, anjos e todas as coisas espirituais e do outro mundo, um leonino com a Lua em Peixes pode agir como mártir. Sente profundamente os males e abalos da vida. Num dia ruim, vai absorver todo o sofrimento do mundo, o que fará com que se sinta fraco e triste. O que você precisa fazer é trazê-lo de volta para a Terra de vez em quando...

Essência Floral de Bach *Rock Rose*:

Para casos em que parece não haver qualquer esperança ou quando a pessoa está muito assustada ou aterrorizada.

Capítulo 5

♌ As casas ♌

Agora, sabemos duas coisas importantes sobre nosso amigo leonino. Uma, o que o seu signo solar significa; a outra, em que signo está sua Lua.

Para tornar esse conhecimento ainda mais astrológico, vamos conhecer a casa em que está o seu Sol.

Se você observar novamente o mapa de Mick na página 36, verá que o símbolo do Sol está localizado na seção do mapa marcada com um 2.

Olhe novamente para a figura de seu mapa e verá que o círculo foi dividido em doze porções iguais. Mais ou menos como uma pizza.

Cada porção do círculo é chamada de "casa". Antes, as casas eram chamadas de "mansões" porque continham o Sol e eram a "casa" de sua localização.

Se você nasceu quando o Sol se erguia no horizonte, seu Sol estava localizado na primeira parte do mapa, na primeira casa. Quanto mais tarde você tiver nascido, mais alto o Sol estará no círculo.

Isso acontece porque o Sol se ergue no leste e se põe no oeste, e o mapa astral é um pequeno mapa do lugar no dia em que você nasceu.

Obviamente, havia muitos outros planetas no céu quando você nasceu, mas tudo com que precisamos nos preocupar é o lugar onde estava o Sol no mapa que você está preparando para o amigo/parente/par romântico nativo de Leão.

Bem, em termos astrológicos, há uma grande diferença entre alguém com o Sol na casa 3 e alguém com o Sol na casa 7.

Lamento dizer que não podemos provar o significado da localização de cada casa, e por isso você terá de aceitar minha palavra. Mas o pensamento original por trás disso era o seguinte: *Eis o mapa que montei para o Sr./Sra. Leão,* **deve** *haver uma diferença entre ele/ela ter nascido às 8h ou às 18h.*

Donna Cunningham diz em seu livro *How to Read Your Astrological Chart* – um livro maravilhoso que todo estudante de Astrologia deveria ler:

> Se as cúspides intermediárias fossem divisões reais, e não artificiais, não haveria tanta controvérsia a respeito delas.[11]

É verdade. Não existe um motivo óbvio para que cada casa tenha determinado significado, mas quando você começa a comparar os mapas das pessoas e mergulha no assunto, ele aparece.

Reconheço que é um grande salto de fé para que aqueles que não praticam Astrologia compreendam a questão das casas, e se você não tem um horário preciso de nascimento, por favor, pule este capítulo.

Se você dispõe de um horário de nascimento correto, então continue a ler.

♌ As casas ♌

Relacionei as casas na ordem, com seu significado, e, mais uma vez, dei exemplos da vida real com citações de pessoas com essas configurações.

Se desejar obter mais informações sobre as casas, há uma seção sobre elas no site astro.com.

Eis as diversas interpretações para os diferentes tipos de casa em que o Sol pode estar no mapa de seu leonino. A primeira casa representa o surgimento da luz do dia, a aurora, e as casas fluem no sentido anti-horário.

No mapa de seu leonino, o Sol pode estar em qualquer casa; portanto confira a sua localização e leia a interpretação correspondente.

A Primeira Casa, Casa da Personalidade

Uma desculpa? Bah! Que desagradável! Uma covardia!
Está abaixo da dignidade de qualquer cavalheiro,
por mais que ele esteja errado.
– Steve Martin

Com o Sol leonino aqui, o indivíduo é vigoroso, enérgico e ativo. Ele tem confiança e não teme o Sr. Lobo. Prefere liderar que seguir e gosta que a vida tenha um ritmo mais ágil.

A Segunda Casa, Casa do Dinheiro, de Bens Materiais e da Autoestima

A falta de dinheiro é a raiz de todos os males.
– George Bernard Shaw

Esta é a casa que representa as coisas que a pessoa possui. O mundo prático. A energia será gasta no acúmulo de bens ou na segurança financeira. O prazer estará em tocar, segurar, experimentar as coisas... atividades táteis como uma massagem costumam ser muito apreciadas.

A Terceira Casa, Casa da Comunicação e de Viagens Curtas

Tenho esse estranho hábito de ver a linguagem
sair de minha boca como resultado de meus pensamentos.
– Shelley Winters

Como o terceiro signo, Gêmeos, a terceira casa quer entrar em contato com os demais, comunicar-se com as pessoas. Ela precisa de um celular, de acesso a cartas, telefones, conversas e todas as formas de comunicação. Poder conversar ou escrever satisfaz esta casa. Como ela também governa viagens curtas, é bom ter algum meio de transporte local.

A Quarta Casa, Casa do Lar, da Família e das Raízes

Tenho pensado que pertencemos aos outros, a nossos pais,
filhos, outros parentes, amigos, colegas, vizinhos, ancestrais.
– Amy Shapiro

É aqui que o lar ganha importância. A "família" em todas as suas combinações variadas será uma grande prioridade. Cozinhar, aconchegar-se aos outros, animais domésticos, a proximidade de pessoas significativas e o mundo doméstico são muito importantes.

A Quinta Casa, Casa da Criatividade e do Romance

Meus filhos não pertencem à realeza;
por acaso, a tia deles é a rainha.
– Princesa Margaret

A quinta casa está focada na possibilidade de brilhar. Ser o centro das atenções também é um bônus. Tapetes vermelhos, muitos elogios e reconhecimento mantêm feliz o Sol nesta casa. Ser artístico e criativo, ter filhos e escrever se expressam aqui.

A Sexta Casa, Casa do Trabalho e da Saúde

Ser um símbolo sexual é um fardo pesado quando
nos sentimos cansados, feridos e desorientados.
– Clara Bow

A sexta casa tem seu foco em tudo que está relacionado com a saúde. Também é a casa do trabalho. Nesta casa, o Sol em Leão vai querer se sentir bem, com saúde e organizado. Não raro, ele acaba trabalhando na área da saúde e da cura, ou, no mínimo, preocupa-se com sua saúde e a dos demais.

A Sétima Casa, Casa dos Relacionamentos e do Casamento

Eu gostei da ideia de estar comprometida com alguém.
– Belinda Carlisle

Nesta casa, o Sol em Leão vai querer compartilhar sua vida com alguém que lhe seja significativo. Ser solteiro não é uma opção. Enquanto seus relacionamentos íntimos não estiverem organizados, a vida vai parecer sombria. Quando ele está com alguém, a vida ganha novo sentido.

A Oitava Casa, Casa da Força Vital no Nascimento, no Sexo, na Morte e na Vida Após a Morte

Não sou engraçada. Sou é corajosa.
– Lucille Ball

A intensidade da oitava casa com o Sol em Leão produz uma pessoa de caráter forte, que não se desvia de sua missão de vida. O tédio não faz parte do cardápio! A capacidade de focalizar exclusivamente uma coisa de cada vez pode produzir ótimos resultados.

A Nona Casa, Casa da Filosofia e de Viagens Longas

Viajei muito pela Europa, pelo norte da África e fui por terra até a Índia. Nesse período, comecei a desenhar e a pintar mandalas e desenvolvi o interesse pela Astrologia.
– A. T. Mann

Enquanto o Sol em Leão na nona casa puder filosofar sobre o verdadeiro sentido da vida, tudo estará bem. Países distantes, longas viagens e um interesse por outras culturas serão expressados aqui. Mantenha o passaporte atualizado.

A Décima Casa, Casa da Identidade Social e da Carreira

A ambição nunca tem mais pressa do que eu;
ela simplesmente acompanha o ritmo das circunstâncias
e, de forma geral, de meu modo de pensar.
– Napoleão Bonaparte

Você espera que uma pessoa com o Sol na décima casa mantenha o foco em sua carreira e no modo como os outros o veem. Obter o reconhecimento dos demais em seu campo profissional, por mais que isso demore, será seu guia para o sucesso.

A Décima Primeira Casa, Casa da Vida Social e da Amizade

Graças, principalmente, ao poder da Internet, pessoas com
posses modestas podem se reunir e angariar grandes
somas em dinheiro, que podem mudar o mundo
em benefício de todos, desde que estejam todos de acordo.
– Bill Clinton

O indivíduo com Sol em Leão na 11ª casa vai querer ter – e não *precisar* de – amigos, grupos, organizações, afiliações e/ou sociedades das quais possa ser membro. Ele não se verá isolado do mundo, mas como parte dele. As amizades estão no alto da lista, bem como obras de caridade e a unificação do planeta.

A Décima Segunda Casa, Casa da Espiritualidade

Foi uma sequência difícil, com muitas emoções – o casamento, esperar o nascimento, tudo isso consumiu muita energia. Ainda por cima, tive muito sucesso, e por isso muita coisa aconteceu ao mesmo tempo. Mas sinto-me revigorado. Isso é ótimo. Passar algum tempo com os bebês, só entre familiares, foi o segredo de tudo.

– Roger Federer

Percebi que muitos de meus clientes que possuem o Sol na 12ª casa não gostam de viver no "mundo real". Ele parece doloroso e insensível demais. A 12ª casa, como o signo de Peixes, gosta de se fundir com as fadas e os anjos e escapar para a Terra do Nunca. Eles se sentem melhor quando têm algum lugar para uma fuga emocional, seja a praia, uma colina ou um belo banho morno de banheira de vez em quando.

Capítulo 6

♌ As dificuldades ♌

Até agora, estive pintando um quadro cor-de-rosa de nosso amigo leonino. No entanto, como tudo na vida, sempre há espaço para perturbações, desapontamentos e mal-entendidos.

Meu trabalho envolve ajudar clientes a ir em frente para lidar com os eventos desagradáveis da vida (eu os chamo de perturbações), e na minha prática profissional vejo uma boa variedade de problemas.

O que vou demonstrar aqui é o tipo de dificuldade que o leonino médio costuma enfrentar ou as queixas que o cliente médio pode apresentar sobre um leonino em sua vida.

Obviamente, não existe isso de cliente médio, mas tenho certeza de que você entendeu o que eu quis dizer.

Eis os detalhes de um jovem chamado William. Ele tem Ascendente em Aquário, a Lua também em Aquário e o Sol na casa 7. Sua mãe sagitariana, Sophie, deu-me algumas informações sobre ele.

Leal e afetuoso com a família, embora seja encrenqueiro às vezes. Popular com amigos, com as garotas e entre as bandas que ele ajudou a formar.

♌ Como mimar um leonino ♌

Na escola, o aniversário em agosto representava uma discussão permanente: o grupo mais jovem ou o grupo mais velho? Ele certamente preferia o mais velho e lamentava ter de ficar junto aos mais novos. Sentia falta dos amigos. No começo do curso profissionalizante, ele não manteve consistência nos estudos, e o diretor, muito prudente, sugeriu que ele tirasse um ano de folga para trabalhar. Ele ficou satisfeito com isso e administrou com sucesso uma das novas lojas de culinária antes de retomar o curso.

Não é muito esportivo, mas participou do grupo de dança moderna na universidade. Bom nadador, mas evita nadar porque precisa proteger os ouvidos com plugues. Recentemente, tem velejado e caminhado.

É uma pessoa com diversos talentos, apesar da surdez; tinha gosto pela música desde cedo, tocou violão clássico e guitarra elétrica intuitivamente e lendo partituras. Escreve muito bem e formou-se em Inglês e História da Arte. Fez curso de jornalismo e atuou como repórter. Trabalhou em bares e agências de viagem, depois num programa matinal de um canal novo, tocando nas horas de folga. Acabou viajando para os Estados Unidos, para a Costa Oeste, esperando subir na carreira musical. Achei que a escolha de Santa Bárbara (pequena, hispânica) foi melhor do que Los Angeles, e diz muito sobre ele.

Sempre torna sua moradia atraente, gosta de peças com belo design e de artesanato. Aos 16 anos, pintou o teto do quarto de vermelho brilhante. Veste-se com estilo, suas roupas informais são da melhor qualidade possível.

Ele é bem informado sobre saúde, ambiente e intoxicação alimentar. Recentemente, os médicos diagnosticaram-no com Transtorno do Déficit de Atenção com Hiperatividade (TDAH), e durante anos ele se concentrou bastante em sua saúde. Ele pode ser consi-

derado um anarquista pacífico, não confia nas autoridades, mas não provoca mal algum, e não tem muita propensão a participar de protestos, mesmo que pacíficos.

Após vários relacionamentos longos, ele está firme e feliz com uma colega que é vinte anos mais nova e que se sente como ele. Vão se casar em maio, uma cerimônia familiar. Ele é muito afetuoso, é excelente com seus sobrinhos pequenos; creio que, se tiverem filhos, ele será um pai muito atencioso.

Como a mãe também é de um signo de Fogo, não falta amor, afeto e ação no relacionamento. Ela tem dificuldade para lidar com o Ascendente e a Lua em Aquário dele, que indicam uma postura emocional mais autossuficiente.

O que faz disparar o alarme é o fato de ele sentir falta dos amigos, pois estes são muito importantes para alguém com planetas em Aquário.

Ele também tem todos os planetas num lado do círculo, o que dá a seu mapa a forma de uma tigela, mas não tenho espaço neste livro para falar disso; entretanto em meu website (www.maryenglish.com/indigo1.htm), há muitas informações sobre mapas astrais de pessoas índigo.

Outra pessoa com quem conversei é Nadine, que é mãe e bruxa em tempo integral. Ela tem dois filhos, dentre os quais uma leonina. Eis a sua opinião sobre esse signo:

Leoninos são fiéis, adoráveis e alegres, mas podem ficar presos a problemas que não conseguem resolver e nunca desistem de uma discussão – eles precisam ter a palavra final!

Bem, e que tipo de coisa poderia perturbar seu leonino (ou perturbar você) a ponto de você considerar isso um problema?

Eis as coisas que percebi em minha prática profissional e que notei em alguns leoninos (mas não em todos):

Meu leonino quer comprar uma casa grande no campo (na cidade) e gastar um dinheirão decorando-a/reformando-a

Isto é uma coisa que você vai ter de observar. A visão otimista do leonino sobre a vida, especialmente em termos financeiros, vai ignorar pequenos detalhes, como não ser capaz de pagar uma coisa, e vai levá-lo a almejar sonhos grandiosos. O problema com isso é que mais cedo ou mais tarde ele vai ficar encrencado e será uma pessoa difícil de conviver quando os bancos executarem a hipoteca ou quando ele acordar um dia com um monte de dívidas.

Não se deixe levar pelo otimismo.

O mero otimismo NÃO paga contas! E, sabendo do gosto do leonino por luxo e drama, elas podem ser altas.

Se você é de Touro ou de Capricórnio, já deve estar se retorcendo nos seus sapatos pensando no "desperdício" de dinheiro ou nos gastos, enquanto signos mais atarefados só perceberão o problema quando o cartão de crédito não funcionar na loja.

A solução ideal é ter muita franqueza e demonstrar ao seu leonino que, por mais que você o ame, não quer ter dívidas; e se ele quiser sair gastando como um louco com seus cartões de crédito, é melhor ele conseguir o próprio emprego e os cartões, pois você não vai querer ter responsabilidade pelas consequências.

No que diz respeito à decoração, volta e meia me pergunto se as pessoas que têm leões na entrada de casa ou algum tipo de estátua exagerada são leoninas, ou se têm ao menos o Ascendente ou a Lua em Leão...

Meu leonino não gosta da minha irmã, do meu irmão, da minha mãe, de um parente, de um amigo próximo, do meu parceiro ou cônjuge, e não trata essa pessoa com educação

Lamento informar que um leonino não é um libriano. Seu estoque de tato e de diplomacia não é grande quando ele não gosta de alguém. Ele pode fazer comentários irônicos ou observações rudes no momento errado e no lugar errado. O melhor modo de lidar com isso é aceitar a situação e tentar evitar um excesso de conflitos familiares. Com certeza, não dá para induzir um signo fixo (Touro, Leão, Escorpião ou Aquário) a mudar de ideia a respeito de alguma coisa sobre a qual ele tem opinião formada; por isso, não gaste suas energias tentando.

Se puder pensar em alguma coisa boa sobre o relacionamento, qualquer coisa que seja, você pode se concentrar nisso, e não na dificuldade. Você pode descobrir que seu leonino não gosta daquele seu parente porque se sente diminuído ou ignorado por ele. E um leonino não gosta disso.

Entretanto, se você quiser que as coisas tomem determinado rumo, não crie muito caso, pois isso só vai provocar o que os leoninos adoram, que é um drama... e ele pode durar anos e anos.

Seria melhor *pedir* a seu leonino, e não *dizer* a ele, para ser cortês com essa pessoa porque ela é importante para você, e você ficaria feliz se ele fizesse esse pequeno favor. Seu leonino não precisa ficar perto da pessoa, basta simplesmente tolerá-la. Os leoninos não conseguem resistir a pedidos e a sacrifícios – afinal, eles são cavaleiros errantes.

Não se esqueça de demonstrar reconhecimento, de agradecer e de elogiar muito depois (boa comida, presentes ou mimos ajudam).

Parece que meu leonino não liga para *meus* sentimentos
Isso pode acontecer. Apesar de Leão ser um dos signos mais atenciosos, ele não percebe seu humor a menos que você esteja se jogando dramaticamente pela casa, chorando e soluçando. O leonino se preocupa com seus sentimentos, mas se você é do tipo discreto, ou seu signo é de Água ou de Terra, com a propensão para aguentar firme e conter as emoções, como é que o leonino pode saber desses sentimentos?

Talvez seja necessário haver uma grande discussão ou um concurso de gritos, com portas batendo e vozes exaltadas, para que o leonino entenda a mensagem.

Conheço uma pisciana que estava namorando um leonino. Escrevi sobre ela em *Como Sobreviver a um Pisciano*. Seu leonino tinha a Lua em Escorpião, e por isso era bem passional, mas todo aquele drama estava começando a esgotá-la.

Você terá de aceitar seu leonino exatamente como ele é, sem tentar mudá-lo. John Gray fala sobre isso em seu livro *Venus and Mars on a Date*, ao comentar casos de mulheres que iniciaram um relacionamento e se tornaram sócias do "Comitê de Melhoramentos da Casa", tentando transformar o namorado em outra coisa. Se você não gosta de seu leonino da forma como ele é, com verrugas e tudo mais, você não está apaixonada por ele, você está apaixonada pela imagem dele.

Vejo muito isso em meu consultório, e é a coisa mais triste num relacionamento.

♌ As dificuldades ♌

O que estou tentando mostrar é que você não precisa que seu leonino se *preocupe* com seus sentimentos, porque ele se preocupa e vai se preocupar; o que você quer é que ele mostre que *percebeu* seus sentimentos, o que pode ser um pouco mais difícil.

Meu conselho seria que você fizesse um acordo com seu leonino: uma vez por mês, vocês vão conversar de verdade e entrar em acordo sobre as coisas que fazem vocês se sentirem melhor. Se preferir tirar um tempo para si, para não ser acusada de ignorar seu leonino, então diga isso a ele. Os leoninos não gostam de ser ignorados ou deixados de lado; logo, se você é alguém que precisa de um bom tempo para si, *deixe isso claro para o leonino e façam um acordo a respeito.*

Tive uma cliente leonina que estava convencida de que seu namorado de Áries não ligava para seus sentimentos. Ela estava tomando xícaras e xícaras de café e sofrendo de TPM. Quando ouvi a história toda, pensei: se eu fosse o Sr. Áries, eu ficaria assustado com os "sentimentos" dela, que eram muito abertos, constantes e cansativos.

Expliquei que provavelmente o Sr. Áries se importava muito com ela, mas que ela teria de se esforçar para não ser tão dramática o tempo todo e deixar de lado o café por algumas semanas, e ver se isso faria alguma diferença. É impressionante ver como o café deixa seu humor acelerado, e com certeza não propicia um estilo de vida pacífico e tranquilo.

Capítulo 7

♌ As soluções ♌

Agora que você conhece um pouco melhor o tipo de leonino que está em sua vida, você pode planejar a melhor forma de se entender com ele.

Como promete o título deste livro, você vai aprender a mimar essa pessoa de Leão, pois mimar é a palavra que realmente a torna feliz. Com efeito, o título deste livro foi sugerido por uma jovem leonina chamada Louise, com quem trabalhei, e por isso o crédito deve ir para ela.

Meu dicionário de confiança define mimar como: "dar ou gastar dinheiro, esforços, elogios em abundância".

A palavra-chave aqui é "abundância". Não adianta dizer alguma coisa bacana e elogiosa para seu leonino uma vez por ano. Com certeza, isso não é abundância! Mas se você dissesse, algumas vezes por dia, como ele é adorável, ou como ele ajudou você a fazer alguma coisa, ou demonstrasse gratidão por uma sugestão ou um conselho, seu Leão estaria ronronando feliz e tudo estaria bem no planeta.

Uma coisa que você não pode fazer é ignorá-lo.

Eis o que me disseram alguns leoninos sobre o que sentiam quando eram ignorados:

Eu retribuo! A menos que queira conversar com a pessoa; então eu a procuro.

Eu pergunto à pessoa se alguma coisa está errada e lhe digo como me sinto.

Eu me sentiria muito frustrado e perturbado, imaginando se teria dito ou feito alguma coisa para ela se comportar daquela maneira... mesmo que eu soubesse o motivo e achasse que fosse culpa minha, eu me sentiria dessa maneira. Eu ficaria impaciente, tentando encontrar um meio de fazer a pessoa entrar em contato. Eu me sentiria desapontado e triste se fosse alguém importante para mim. Se fosse um estranho, ficaria aborrecido pelo fato de a pessoa ter sido rude.

Não gosto disso; quando algo assim acontece, eu fico com vontade de levantar e dizer "Ei!".

Depende de quem for – se for alguém que me interessa, eu fico incomodado.

Acho que no início eu me incomodaria, mas depois superaria. É muito raro acontecer isso comigo.

Eu pensaria que a pessoa não tinha nada a me dizer, ou que eu não tinha nada a dizer a ela. Geralmente tento entrar em contato para descobrir se alguma coisa não está bem. Tenho uma aparência um pouco "exótica", e por isso sei que nem todos me acham receptivo.

Como você pode deduzir das frases, não é uma coisa que: a) aconteça frequentemente com leoninos, ou b) deixe-os contentes.

Assim, se o seu leonino está incomodado com alguma coisa ou correndo pela casa, suspirando, uivando e causando confusão, ou está rabugento e descontente, leve em conta seu signo lunar ou Ascendente e ajuste sua ajuda conforme os conselhos que apresento a seguir.

Além disso, lembre-se de usar as Essências Florais de Bach caso as coisas fiquem realmente difíceis e seu leonino se mostre instável.

Ascendente ou Lua em Áries

Ser doce e gentil não é do que se precisa aqui. Muita ação física, uma solução vigorosa que envolva levar o corpo a extremos vai funcionar melhor. *Tai chi*, *squash*, futebol, qualquer atividade por meio da qual ele possa competir e vencer você. Espero que você sobreviva à surra; portanto prepare-se para experiências rápidas e animadas para ajudá-lo a enfrentar seus sentimentos.

Ascendente ou Lua em Touro

Aqui, você vai precisar de um planejamento lento e firme. Para que o Leão/Touro se sinta melhor, você vai precisar de comida saborosa, bem preparada, que vale quanto pesa, um pouco de vinho fino e muito, muito tempo. Ele vai adorar você para sempre se ganhar uma massagem ou um tratamento corporal, e vai gostar muito de se reconectar com o próprio corpo.

Ascendente ou Lua em Gêmeos

Se o seu leonino tem uma combinação com Gêmeos, ele vai se sentir melhor se puder falar, falar, falar. Não adianta oferecer conselhos sem lhe dar a chance de "dizer sua verdade". Descobri também que alguém com esta combinação se sentirá melhor se for levado para uma viagem curta de carro, e que é provável que assim ele se abra mais do que se vocês estivessem de frente um para o outro. Você também pode sugerir um bom livro sobre o assunto que está causando o drama.

Ascendente ou Lua em Câncer

Ninguém com um mapa dominado por Câncer se sentirá bem se não puder tocar, abraçar e ser acolhido por alguém quando estiver meio deslocado. Você pode fazer muito para que ele se sinta melhor simplesmente dando-lhe um abraço. Se um de vocês tiver bichos de estimação, envolva-os no processo. Além disso, reserve uma caixa grande de lenços de papel, pois ele pode chorar muito mais do que você imagina; por isso, não mostre indiferença, isso não vai funcionar. Espere muitas lágrimas e depois risos, quando cessar.

Ascendente ou Lua em Leão

Agora, você vai precisar dirigir a peça chamada "Meu Leonino". Faça com que ele represente exatamente o que está acontecendo, como ele se sente, o que ele fez ou não fez. NÃO o ignore; esta é a ocasião em que ele mais vai precisar de você, e por isso a indiferença vai afastá-lo. Dê-lhe o palco, e você terá de ser a plateia adorável até ele recuperar o próprio sentido.

Ascendente ou Lua em Virgem

O leonino com presença virginiana se preocupa, depois se preocupa um pouco mais, e depois fica preocupado porque está se preocupando... e a coisa toda dá voltas e mais voltas. Você terá de ser firme e fazer com que ele se deite num quarto escuro durante algum tempo para desligar mentalmente. Yoga, meditação e companhia calma são aquilo de que ele precisa. Ele pode pedir para chamar o médico, e, caso seja necessário, faça-o, mas lembre-se de que ele é dado a exageros; por isso, tente algumas técnicas para acalmá-lo antes.

Ascendente ou Lua em Libra

Leoninos com presença em Libra vão querer que tudo seja justo e equilibrado, mas você e eu sabemos que isso não é realista. Eles vão reclamar se tiverem opções demais e coisas demais para pensar; por isso, reduza os problemas atuais àquilo "que é mais importante" e concentre-se nisso primeiro. Se você o cercar com cores suaves, ambientes elegantes, detalhes delicados e refinados, ele vai se acalmar o suficiente para lhe dizer o que está acontecendo. Não lhe dê muitas opções, pois do contrário vai começar tudo de novo.

Ascendente ou Lua em Escorpião

Como esta é a combinação de signos mais transformadora e profunda, soluções leves e brandas não vão funcionar. Imagine um vermelho-sangue profundo (como cor, não como imagem) e terá uma ideia daquilo com que ele lida. Ele vai querer "fazer" coisas drásticas; por isso, sugira recursos significativos, como escrever uma carta para as pessoas ou para os problemas que o incomodam e depois queimá-la, ou acender uma vela e rezar pedindo ajuda. Lembre-se de que ele pode tomar medidas drásticas, por isso saia da linha de tiro se ele estiver realmente irritado. Este livro foi escrito para ajudar o amigo leonino, e não para pô-lo em risco. Não há nada que você possa dizer para melhorar as coisas; então, não se incomode. É melhor estar do outro lado do telefone se ele precisar de você e esperar até ele ter concluído as tarefas sugeridas.

Ascendente ou Lua em Sagitário

Pegue a Bíblia ou um livro importante de alguma autoridade espiritual. Ajude-o a escolher um trecho que esteja relacionado com aquilo que estiver acontecendo com ele nesse momento. Ele precisa acreditar que o que ele fez ou está fazendo está "certo", por isso nenhuma discussão vai adiantar. Se tiver dinheiro, programe uma viagem para algum lugar exótico do exterior; isso vai mantê-lo entretido até ele se sentir melhor, pois essa combinação adora fazer longas viagens para lugares distantes.

Ascendente ou Lua em Capricórnio

Aqui, você vai precisar do conselho de um "ancião"; assim, se você conhecer alguém mais velho e mais sábio do que seu Capricórnio/Leão, ele poderá ajudar. Faça com que essa pessoa leve o Capricórnio/Leão para um canto e descreva como ela saiu da situação em que seu leonino está. Ele procura alguém sério e sensato, com soluções práticas. Visitar um lugar antigo ou uma construção velha, como uma mansão, também pode ajudar.

Ascendente ou Lua em Aquário

Quaisquer ideias que você possa ter e que incluam as palavras "novidades", "liberdade", "mudança radical" ou simplesmente "estranho" serão atraentes. Como esta é uma combinação que adora MUITO a liberdade mental, tudo que você precisa fazer é não restringi-lo, não amarrá-lo, não tolher suas ideias maravilhosas. Ele quer se sentir parte de uma solução altruísta, que beneficie a humanidade (e a ele por tabela), e, assim, marchar para "salvar as baleias" ou qualquer coisa relacionada ao Greenpeace será bom. Ele quer se sentir inspirado e estimulado com seu nirvana.

Ascendente ou Lua em Peixes

Como esta é a combinação de signos que se comunica com fadas, anjos e outros seres de luz, você vai precisar levá-lo a um astrólogo ou sensitivo, e não ao gerente do banco. Ele quer queimar incenso, sonhar a tarde toda, sentir-se parte das dimensões superiores que tanto ama. Quando ele estiver um pouco mais firme no chão, você poderá falar de coisas práticas; para começar, porém, tente a solução mente/corpo/espírito.

Capítulo 8

♌ Táticas para mimar ♌

Agora, vamos refinar todos os conselhos que dei até o momento. Também vamos conhecer os diversos tipos de leonino que você pode encontrar no cotidiano. Como este é um livro prático, darei soluções que você mesmo pode usar, divididas segundo os diversos indivíduos.

Seus Filhos de Leão

De modo geral, os leoninos *adoram* ser crianças. Gostam dessa coisa da infância. Ficam animados com o Natal, em ser o centro das atenções nas reuniões familiares, adoram animais, música e dança. Podem ser muito criativos; muitos artistas, músicos, dançarinos, cantores e intérpretes são leoninos.

Uma criança de Leão nunca receberá atenção demais. Ela busca isso. O seu signo é que vai determinar se ser progenitor de um leonino é fácil ou difícil.

Geralmente, os signos de Ar ou de Fogo têm mais facilidade para lidar com eles. Talvez os pais de signos de Água e de Terra não entendam esse drama o tempo todo, a menos, é claro, que seu próprio Ascendente ou sua Lua estejam em Leão. Isso facilita muito o trabalho.

Como Leão é um signo fixo, daqueles que não aprecia as mudanças, seu filho leonino vai se sentir melhor se você não se mudar muito de casa ou de escola (a menos que ele peça).

Nadine é a mãe e bruxa pisciana que conhecemos há pouco. Eis o que ela fala sobre ser mãe de uma leonina:

> *Os leoninos são crianças adoráveis, animadas e sorridentes. São amáveis e muito táteis – estão sempre prontos para um abraço ou para pintar as unhas dos pés! Têm uma grande capacidade para ver o que é positivo, para mostrar o que é óbvio e para agradecer pelo que possuem.*
>
> *Um leonino infeliz pode ser uma pessoa bem confusa, ele não consegue perceber o que deu errado e o tirou de seu lugar feliz. Apoio, aconchegos e sugestões sobre o que ele deve fazer podem ajudar bastante, mas ele precisa sair sozinho da situação... nem todos os conselhos do mundo vão facilitar seus próximos passos!*
>
> *De modo geral, porém, ter um pequeno leonino no seu mundo é uma bênção, seu sorriso ensolarado pode valer o seu dia!*

Willow é uma escritora geminiana e vive e trabalha em Surrey, na Grã-Bretanha:

> *Tenho certeza de que minha filha leonina conversava comigo no útero, e não parou desde então! (Ela queria muito espaço para si mesma e não gostava quando eu comia demais.)*
>
> *Obviamente, ela foi uma criança sociável desde que nasceu. Eu deixava os amigos que me visitaram na maternidade segurá-la e*

ela se sentia feliz comunicando-se com eles. Logo que nasceu, ela ficava sentada no meu colo com o sol brilhando pela janela, e ela se esparramava, relaxada, com um sorriso nos lábios! Ela sempre gostou de sol, e hoje mora no sul da Espanha.

Ela sempre atraiu pessoas que fazem qualquer coisa por ela e não sente necessidade de dar satisfações a ninguém. Eu a pegava no jardim da infância e observava a professora abotoando seu casaco, embora ela soubesse fazer isso. Ela gostava era da atenção!

Com 7 anos, voltou da escola e chegou em casa aborrecida porque os amigos a chamaram de exibida. Eu lhe perguntei se ela estava sendo exibida e ela disse "Sim!".

E eu disse "Bem, você pode parar de se exibir ou pode continuar, mas vai ter de aceitar que digam isso".

Ela pensou no assunto e decidiu que iria continuar a ser exibida!

Como mãe de uma leonina, sinto-me abençoada por ter recebido dela tanto amor quanto lhe dei. E quem não iria amá-la? Ela gosta de diversão, é generosa e boa, e seus amigos retribuem com lealdade.

Bernadette é uma mãe aquariana e uma escritora criativa, com um filho leonino chamado Luke. Aqui, ela conta como ele era quando pequeno:

Ele gostava de usar estranhas combinações de roupas, especialmente chapéus, às vezes dois de uma vez. Também gostava de tirar as roupas e, durante boa parte do começo da infância, não costumava vestir muita coisa. Não era brilhante em seus diálogos, pois sua fala era enrolada, mas gostava de se comunicar e de histórias.

Ele tinha histórias favoritas, as quais queria ler sem parar. Era fascinado por trens a vapor, e quando morávamos em Devon passeá-

vamos para lá e para cá o dia todo no trem a vapor daquela região. Seu temperamento era terrível, e ele gritava e se jogava no chão se não quisesse fazer alguma coisa.

Sua imaginação era espantosa e ele brincava durante horas no jardim, conversando consigo mesmo e com seus amigos invisíveis. Ele tinha três amigos invisíveis, Bic, Diggory e Cuckoo, e conversava longamente com eles. Inventava jogos bastante complexos e construía coisas com caixas e fita adesiva, como casas e carros.

Até os 4 anos, ele não tinha nenhum amigo de fato. Embora gostasse de brincar com outras crianças, ele não se lembrava de quem eram e nem mesmo os seus nomes, e eu achava isso estranho. Com certeza, ele queria que outras crianças participassem de seu "jogo".

Depois que nos mudamos para o sudoeste, acho que ele sentiu falta do espaço ao ar livre, pois ele sempre se sentiu melhor fora de casa. Ele não gostou da escola local e não se deu muito bem com as crianças de lá, e por isso nós o mandamos para a escola Waldorf e ele simplesmente floresceu. Todos o adoraram. Todos adoravam o Luke!!!

Ele é aberto e amigável, animado e positivo, diz o que sente e estimula pessoas menos confiantes do que ele. Na escola Waldorf, ele conheceu seu melhor amigo, Thor, e a amizade dura até hoje. Para seus irmãos mais novos, ele sempre foi o "Grande Irmão", e pedia que fizessem coisas para ele, como arrumar seu quarto. Ele era encarregado dos jogos e costumava colocar um irmão contra o outro. Ele tem um lado sentimental muito forte e teve um ursinho de pelúcia quase até a adolescência.

Luke se saiu bem na Escola Waldorf pois eles tinham muito teatro e artes, e ele é bom nas duas coisas. Ele também frequentou a escola de teatro da TV durante algum tempo e conseguiu alguns papéis em diversas produções televisivas. Num dado momento, achei que ele ia ser ator, mas ele decidiu não seguir essa carreira, pois achou os outros atores muito ensimesmados. Desde o começo da escola, ele sempre participou de um grande e animado círculo social, e ainda tem montes de amigos.

Acho que ser mãe do Luke foi como estar na plateia para aplaudi-lo sempre que ele fazia alguma coisa. Ele queria muitos elogios e aplausos e adorava isso. Não gostava de regras, ou de ser arrumadinho, ou de pensar nas coisas de antemão ou quando lhe diziam o que tinha de fazer; e se discutíamos, quase sempre era por causa de algum desses problemas.

Nesses relatos bastante detalhados sobre o que é ser mãe de um leonino, Bernadette dá uma ideia muito boa dos temas envolvidos. Quando não queria fazer alguma coisa, ele berrava e se jogava no chão. É inútil tentar induzir um signo fixo a "fazer" alguma coisa que ele não queira. O único caminho consiste em tornar a coisa indesejada atraente de alguma forma. Você também precisa ser bem firme quando ele tiver esses chiliques. Pedir que ele pare só piora as coisas. Ignorá-los – os chiliques, e não seu filho – esgota a energia deles.

Os Remédios Florais de Bach funcionam muito bem, assim como a Técnica de Libertação Emocional (cuja sigla em inglês é EFT [Emotional Freedom Technique]) – coisas que você pode fazer em casa – ou levar seu filho para um homeopata, um acupunturista, um osteopata ou algum outro terapeuta alternativo.

Perceba ainda que quando ele gosta de alguma coisa, ele a repete muitas vezes. Os signos fixos gostam da familiaridade de suas coisas preferidas. Se elas lhe dão prazer, por que não? Os signos mutáveis – Gêmeos, Virgem, Sagitário e Peixes – ficariam loucos se você fizesse a mesma coisa o tempo todo, e os signos cardinais se perguntariam por que você não passou para outro nível de um esporte ou jogo.

O signo fixo fica feliz com o nível que alcança em um esporte ou um jogo; isso lhe dá alegria, e ele hesitará muito em relação a alterar essa sensação agradável. A menos, é claro, que ele esteja num ambiente competitivo; aí, ele se esforçará muito para "buscar o ouro".

Gostei do fato de Bernadette ter contado como Luke fazia seus irmãos mais novos arrumarem suas coisas para ele. Como isso é leonino! Ser atendido de todas as maneiras! Felizmente os irmãos de Luke são de signos de Água. Não sei se ele teria a mesma sorte se eles fossem de Ar ou de Fogo; ele teria uma discussão ou uma briga pela frente!

Também gostei quando Willow pediu que a filha tomasse uma decisão entre continuar a ser chamada de exibida e parar de se exibir, e ela escolheu continuar a "aparecer" e ignorar os apelidos. Técnica sábia de uma mãe de um signo de Ar.

Seu Chefe Leonino

Ter um chefe leonino não é sempre fácil. Isso depende, como de costume, do seu signo e do seu Elemento, e de como você se sente com relação a superiores.

Se suas habilidades e experiências são similares, ou as mesmas de seu chefe de Leão, a disputa não será travada no céu, pois ele não poderá aconselhá-lo ou orientá-lo, uma vez que você já sabe tanto quanto ele. Por isso, ter uma parceria (se você é autônomo) com um leonino não é uma boa ideia, pois o conceito de compartilhar ou de fazer as coisas de forma compartilhada nem sempre vai passar pela cabeça dele.

♌ Táticas para mimar ♌

Se você trabalha em uma empresa de grande porte e seu chefe leonino conquistou a posição que ocupa, é maior a probabilidade de que a relação de trabalho funcione melhor.

Seu chefe leonino o verá como o principiante, como o novato, e o acolherá sob suas asas, orientando o seu caminho. Ele vai esperar (e saborear) muitos elogios e agradecimentos por sua magnanimidade e tudo irá bem... até você pedir uma promoção. Aí, receio que a única tática que pode funcionar é a adulação.

Se quiser uma promoção, é melhor apelar para os signos cardinais de seu local de trabalho (Áries, Câncer, Libra e Capricórnio), pois eles olham para o futuro bem mais do que os signos fixos... que, como já mencionei mais de uma vez, não gostam de mudanças. E pedir uma promoção envolve mudanças.

Ocorreram-me dois exemplos de chefes leoninos que ganharam as manchetes.

E ambos têm associações astrológicas interessantes.

Bill Clinton, o 42º presidente dos Estados Unidos, é de Leão com Ascendente em Libra e a Lua em Touro. Seu Sol e sua Lua estão em signos fixos. Em 1995, Monica Lewinsky foi contratada como estagiária na Casa Branca enquanto Bill era presidente. Não vou comentar a história toda, pois há um detalhe bem mais interessante no incidente.

Monica *também* é leonina, *também* tem Ascendente em Libra e *também* tem a Lua em Touro.

Hugo Chávez tornou-se presidente da Venezuela, um país que fica na costa norte da América do Sul, em 1999. Ele foi fortemente influenciado por alguém chamado Simón Bolívar, que morreu 124 anos antes de Chávez nascer, e chegou ao ponto de exumar seus restos mortais e de encomendar uma estátua tridimensional e realista do sujeito.[12]

Isso não faz muito sentido se você não observar seus mapas astrológicos, pois Hugo e Simón têm o mesmo signo solar de Leão, Mercúrio em Câncer, o mesmo Vênus em Virgem e dois planetas exteriores, Urano (que leva mais de oitenta anos para percorrer o Zodíaco) e, assustadoramente, Netuno (que leva mais de cem anos para orbitar a Terra) no signo de Libra.

O que temos aqui é um chefe leonino típico, esperando reconhecimento e elogios, chegando ao ponto de levar alguém para perto que evidentemente não pode influenciar fisicamente o governo, mas o sentimento de empatia vem de algum lugar. De suas semelhanças astrológicas.

Num dia positivo, seu chefe leonino vai encorajá-lo e elogiá-lo, fazendo todas as coisas de que gosta sozinho. Num dia ruim, ele pode ficar irritado, gritar, se aborrecer porque acha que você não o apoia, não o ama ou não o respeita.

Seu Amigo Leonino

Seu amigo leonino será leal, irá apoiá-lo, e será amável e caloroso, desde que você também seja leal, apoie-o, seja amável e caloroso. Todos nós gostamos de dar o que recebemos, e o leonino não é diferente.

Veronique é geminiana e mora em Somerset. Ela está se aposentando e trabalha com clientes usando essências florais e aconselhamento.

Ela tem duas amigas leoninas.

As minhas amigas leoninas são pessoas maravilhosas, têm crenças espirituais fortes, mas diferentes, e são das mais queridas para mim. Recentemente, percebi que ambas são capazes de levar o brilho do sol para a vida das pessoas, inspirando, fortalecendo ou dando possibilidades aos demais por meio de seu brilho tão especial. Ambas demonstram total atenção quando alguém está falando com elas, e por isso a conversa é uma troca igualitária (o que não costuma ser normal nos leoninos comuns!). Bem, mas as duas são conselheiras e curadoras. Criativas, elas podem inspirar as pessoas, uma em termos de criatividade e a outra agindo com carinho com os outros em todas as situações. As duas são queridas – até adoradas – pelos amigos, que as prezam muito.

Kristina é geminiana e estuda escrita criativa; mora no Leste europeu. Ela tem amigos leoninos.

O amigo leonino é leal. NÃO confiável; Áries é confiável. Leão é leal. Ele sempre vai sair correndo para ajudá-lo quando você precisar (Áries também), e vai sempre defender você de todas as maneiras, ficando ao seu lado enquanto você precisar. E ele exige a mesma lealdade dos outros – um leonino não tolera traições, você ganha um inimigo pelo resto da vida.

Tive algumas amigas de Leão ao longo dos anos, e infelizmente duas delas morreram recentemente; mas eram pessoas divertidas, com um senso de humor exuberante, sempre preocupadas com os necessitados (as duas eram cantoras e compositoras), e escreviam músicas sobre situações engraçadas ou para ajudar em causas que merecessem sua atenção.

Para conhecer o melhor lado de seu amigo leonino, não se esqueça de mostrar reconhecimento pelas coisas que são úteis para você, ignorando exibições dramáticas de humor. Ele adora festas de aniversário surpresas e tudo que tem certo drama.

Se o seu signo é de Água ou de Terra, não passem muito tempo juntos; o relacionamento pode piorar e vocês podem se afastar. Se você tiver planetas em Leão ou Ascendente em Leão, as coisas vão progredir de forma muito mais tranquila.

Sua Namorada Leonina

Para ter sucesso num namoro com uma leonina, você precisa conhecer algumas das coisas de que ela gosta e fazer essas coisas para, ou com, sua leonina. Lembrar-se do seu próprio signo e do seu Elemento também vai ajudá-lo a ter sucesso nesse relacionamento.

Para facilitar as coisas para você, incluí algumas ideias sobre o que agrada uma leonina, e mostrei como ela gosta de ser mimada. Pois é este, afinal, seu canto da sereia.

Temos aqui Hattie; perguntei-lhe "Como você gostaria de ser mimada?":

Uau! Que pergunta!

Só de fazer a pergunta, ela já se sente bem!...

Viajar num jato particular com meu homem "perfeito" até uma ilha tropical, onde seríamos tratados com comidas e bebidas incríveis, recebendo massagens e atenções até cansar.

Creio que isso resume sucintamente uma tática típica para mimar uma leonina, mas vamos explorar outras sugestões femininas. Perguntei para cada leonina que conheço "Como você gosta de ser mimada?". Não se esqueça de que o título do livro foi sugerido por uma leonina, portanto ele próprio indica atributos leoninos.

Eis o que diz Clarissa:

Um refúgio no interior com minhas três filhas, onde possamos ficar em um spa, comer bem e passar um tempo com qualidade, longe de TUDO que é eletrônico.

Laura, que é designer gráfica na Nova Zelândia, tem uma boa ideia do tipo de mimo de que gosta:

Roupas bonitas e de boa qualidade, talvez até caras, sair para um jantar espetacular com atenção especial à sobremesa, talvez um champagne ou coquetéis para acompanhar... seguidos de uma noite divertida com música e alegria. No momento, estou muito a fim de assistir ao Cirque du Soleil. Meu aniversário de 30 anos está se aproximando e tenho me preocupado em encontrar algo suntuoso, espantoso e memorável para comemorá-lo! É isso que eu escolheria!

Perceba como ela quer comemorar o aniversário. Leão deve ser o único signo que realmente gosta de aniversários. Não importa a idade, eles ainda gostam desse dia especial, de receber atenção e mimos, de que todos lhe desejem saúde e sorte. Ao contrário dos geminianos, que detestam aniversários e geralmente trocam a data de nascimento à medida que envelhecem, para que ninguém saiba a sua idade exata, ou de Capricórnio, que vê cada aniversário como mais um sinal de que a vida é finita, ou de Peixes, que costuma esquecer que seu aniversário está se aproximando, até ser tarde demais para convidar os amigos para celebrar...

Uma dona de casa leonina chamada Julie, que tem uns setenta e poucos anos, ao responder minha pergunta, disse pouca coisa, mas veja como a resposta foi exótica:

Ser levada a um safári.

É diferente de um sagitariano, que diria "ir a um safári"; ela queria ser "levada", ou seja, acompanhada e bem tratada num safári!

E Diane, que simplesmente queria:

Sair de carro para comer bem e assistir a uma peça.

Perceba que ela diz comer "bem", implicando que jantar numa lanchonete não seria sua expectativa. E assistir a uma peça é uma boa opção para mimar leoninas, pois o teatro é diversão e entretenimento. Além disso, "sair de carro", pois damas não dirigem num encontro!

As leoninas querem atividades nas quais elas não precisem "fazer" nada além de se divertir. Eis mais algumas sugestões:

Ser mimada com massagens e trabalho corporal. Longas férias. Poder descansar e cuidar de mim mesma, isso é mimar-me.

Gostaria de ser surpreendida com uma viagem para o campo ou a praia, passar o dia fora, comer bem e não ter de me preocupar com dinheiro.

Ser mimada, surpreendida, bem tratada, sentir-se especial, são itens no topo da lista das leoninas.

♌ Táticas para mimar ♌

Outra maneira, além de uma pergunta direta, para descobrir o que uma leonina deseja é visitar os sites de namoro e prestar atenção nas descrições. Quando as pessoas procuram um parceiro, elas tendem a escrever principalmente a seu próprio respeito e não sobre o que estão procurando, e por isso podemos ter uma percepção do signo em si.

Eis o que disse uma jovem num site inglês de namoro:

Não tenho preferência quanto a seu emprego (desde que você tenha um), não me incomodo muito com seus passatempos (desde que você tenha alguns) e não me preocupo com a sua procedência (embora eu tenha uma queda por rapazes do norte).

Acho que o que estou procurando é alguém que já sabe quem é, que possa ser meu confidente e que tenha autoconfiança... Que seja homem o suficiente para saber o que quer (preferivelmente, eu) e não tenha medo de sair e conseguir o que deseja.

Logo, para namorar uma leonina com sucesso, você precisa ganhar dinheiro (para poder gastar com ela), ter um passatempo (para que possa exibi-la para os amigos), ser um bom confidente e ter autoconfiança. Não são qualidades que já vimos que os próprios leoninos possuem em abundância?

O que você também precisará ter é: muita paciência para poder enfrentar os dramas quando estes surgirem; um ouvido atento para escutar todas as coisas maravilhosas que ela tem feito e está planejando fazer; e a habilidade para ser firme, mas respeitoso, quando ela parecer mandona ou autocentrada demais.

Esta jovem descreve alguns gostos e interesses tipicamente leoninos:

Sou maquiadora; trabalho com moda, propaganda e música. Adoro comer e beber, e gosto particularmente de sushi! Gosto de viajar, de amigos, filmes, bikram yoga, bicicleta, corrida e vida saudável, com um ou dois dias nada saudáveis por semana para temperar!

Adoro arte, moda, decoração, crianças, pequenas criaturas peludas e algumas grandes, embora isso não inclua homens com abundantes pelos corporais. Procuro alguém que seja confiante, de mente aberta, coração jovem, criativo, que goste de música, filmes, festivais e comida, comida, comida... alguém interessado em comer, beber e viajar!

É importante ter senso de aventura e um pouco de espontaneidade, além de um senso de humor decente.

Seu Namorado Leonino

Namorar um leonino ou conquistar o amor de um leonino é um pouco diferente do que vimos na perspectiva feminina. Creio que isso se deve ao fato de o signo de Leão ser representado pelo macho, não pela leoa; assim, existe a expectativa de que o homem de Leão queira ser emocionalmente mais agressivo, mais demonstrativo... mas na vida real não existe diferença.

Os dois sexos querem amor permanente e duradouro.

Nadine, uma pisciana, fala sobre o que pensa:

Num mundo perfeito, o leonino ficaria sentado sobre um pedestal com alguém para lhe dar uvas na boca! Pela minha experiência, o leonino gosta de ser instigador, de resolver problemas e de bancar o cavaleiro na armadura reluzente. Obviamente, isso pode ser um problema se você é livre-pensadora e adora ser espontânea!

Mas nem todos os leoninos são aventureiros "machões". Às vezes, eles têm um lado mais sutil.

Grant é um leonino que mora e trabalha em Londres como analista de sistemas de rede. Ele me falou de seus sentimentos quanto a ser mimado e percebeu que na verdade não procura "coisas", mas emoções sinceras:

> *Hoje em dia, só tem uma coisa de que preciso mesmo: reconhecimento. Se eu disser alguma coisa para alguém, ou mandar um cartão ou e-mail, ou se me esforçar para passar algum tempo com essa pessoa, não quero ser ignorado. Para mim, é muito desconcertante dizer algo para meus colegas de trabalho e a reação ser uma expressão vazia, ou a mudança de assunto. É provável que eu seja muito profundo (ou árido) para eles, mas eu preferiria que alguém me olhasse nos olhos e dissesse "Não entendi" ou simplesmente assentisse ou sorrisse de volta. Se você quiser mesmo se livrar de um leonino, basta não esboçar reação. Se cruzarmos nossos caminhos e interagirmos, não me ignore, não me olhe com expressão vazia. Meus imperiais Sol e Lua em Leão ficam incrivelmente incomodados com isso.*

Este é o fardo da mais profunda necessidade da psique de Leão: ser reconhecido. Portanto tenha isso em mente se estiver namorando um leonino.

Eis Kristina novamente:

> *Você NÃO PODE brilhar mais que seu namorado leonino. NUNCA. Deixe-o ser o astro, o mais importante, ficar no centro das atenções, ser o protetor e, de certo modo, até o "dono", deixe que todos saibam e vejam que você está com ele, que você é a dama DELE.*

Em troca, você vai ter o homem mais gentil e atencioso que pode existir. Se você o deixar brilhar em público, você será a estrela quando estiver sozinha com ele. Uma coisa que eles realmente sabem fazer é dar à mulher a sensação de que ela é a única no mundo inteiro, a mais bela e desejada.

Karen é uma herborista virginiana que mora na Geórgia, nos Estados Unidos. Ela está casada com Steve, que tem uma revendedora de automóveis.

Nossa história é daquelas que fazem as pessoas se espantarem. Para resumir, nós nos conhecemos em um ônibus dos Jogos Paraolímpicos de Atlanta de 1996 – ele morava a sete horas dali. Embora eu estivesse de olho em seu amigo, este fez com que nos sentássemos juntos para jantar e tomássemos alguns drinques depois. Tom (o amigo) estava certo – pelo menos dessa vez. Foi mais ou menos "amor à primeira vista", mas ele levou duas semanas para perceber isso – depois de conversar tanto com sua mãe quanto com seu melhor amigo.

Como foi o pedido? Estávamos em um de nossos telefonemas de três horas (todas as noites), discutindo a possibilidade de ele ir morar comigo e o casamento. Eu lhe disse que ele nunca tinha me pedido. A seguir, ele disse "tá a fim?".

Eu disse "claro", e continuamos a conversar.

Nosso casamento aconteceu um ano e alguns dias depois de nos conhecermos. Embora minha mãe tivesse achado que por causa da idade fôssemos apenas morar juntos, nós dois quisemos legalizar a união. O único motivo pelo qual não procuramos um cartório de paz logo depois que ele se mudou foi porque eu queria o casamento que não tivera na primeira vez. Nós nos casamos numa cerimônia civil às margens do rio Chattahoochee, num bar/restaurante que tinha sido meu "escritório" durante muitos anos. Alguns amigos mais chegados foram até lá e depois jantaram conosco. Mais tarde, voltamos para o bar – e fomos os últimos a sair.

Não há dúvidas de que um leonino pode ser romântico e amável. Você não precisa "ser" nada especial para que ele se interesse por você; basta mostrar interesse por ele e tudo irá bem.

Voltando aos sites de namoro, dois homens procuram uma namorada.

Este senhor resumiu tudo em três palavras:

Não muito séria, que veja a vida como uma oportunidade e como algo divertido... e que também seja divertida, com um belo corpo e fabulosa.

Este outro fez uma descrição detalhada de si mesmo. Disse que corre de BMX para a equipe de uma fábrica inglesa, adora esportes radicais, é italiano "até o osso", cozinha e "adora absolutamente música" e os livros que está lendo no momento:

O que ou quem estou procurando? Na verdade, não sei, é por isso que estou aqui, mas acho que é uma boa pessoa, independente, leal, que goste de esportes e seja apaixonada por viagens...

A lista poderia prosseguir, mas odeio listas, se só fosse preciso uma "lista de compras" para achar uma namorada, provavelmente eu iria ao supermercado ou ao shopping... ;-)

Quem sabe aonde isso vai me levar ou quem eu vou conhecer pelo caminho? Manter uma postura positiva é essencial, creio :-)

> *Bem, além disso que escrevi antes, tudo se resume àquele clique fugaz. À química, por assim dizer.*
> *Não adianta listas quando a gente procura uma alma gêmea!*
> *Assim, se você gostou do jeito do meu perfil, entre em contato.*

Como você viu, ele está mais interessado em que você goste dele do que em gostar de você(!), pois sua descrição pessoal foi bastante extensa. É interessante ver que ele não especificou o que ele poderia *oferecer* a qualquer parceira em potencial; também não vi isso em nenhum dos outros perfis leoninos que li.

O melhor a fazer é lembrar que, se você achar um leonino atraente ou interessante, isso em si será suficiente para provocar alguma reciprocidade.

O que fazer quando seu relacionamento leonino termina?
Se o relacionamento com seu leonino terminar, lembre-se de seu próprio Elemento para saber como lidar com a dor.

De modo geral, os leoninos não gostam quando um relacionamento termina. Eles são determinados e vão se manter firmes, mesmo que não estejam contentes. É mais provável que você termine o relacionamento do que ele.

Signos de Fogo

Se o seu signo é de Fogo – Áries, Leão ou Sagitário –, você vai precisar de alguma coisa ativa e dinâmica para ajudá-lo a superar o fim do relacionamento. Você vai precisar usar o elemento do Fogo no processo de cura. Compre uma bela vela noturna, acenda-a e recite:

Eu... (seu nome) deixo você (nome do leonino) ir, em liberdade e com amor, para que eu fique livre para atrair meu verdadeiro amor espiritual.

Deixe a vela num local seguro para que ela queime completamente. Calcule uma hora, pelo menos. Enquanto isso, reúna quaisquer objetos pertencentes a seu (agora) ex-leonino e mande-os de volta para ele. É educado telefonar antes e avisar que você está indo.

Se tiver fotos dos dois juntos, recordações ou até presentes, não se apresse em destruí-los como alguns signos de Fogo costumam fazer. É melhor deixá-los numa caixa no porão ou na garagem até você se sentir melhor.

Depois de alguns meses, vasculhe a caixa, mantenha as coisas de que gosta e doe aquilo de que não gosta.

Signos de Terra

Se o seu signo é de Terra – Touro, Virgem ou Capricórnio –, você vai se sentir menos propenso a fazer alguma coisa drástica ou extrema. Talvez você demore um pouco para recuperar o equilíbrio, por isso dê-se algumas semanas e no máximo três meses de luto. Você vai usar o elemento da Terra para ajudar em sua cura, bem como cristais. Os melhores a se usar são aqueles associados com o seu signo solar e também com a proteção.

Touro = Esmeralda
Virgem = Ágata
Capricórnio = Ônix

Lave o cristal em água corrente. Embrulhe-o num lenço de seda e vá caminhar pelo campo. Quando encontrar um lugar apropriado, ou seja, silencioso e no qual você não será incomodado, cave um pequeno buraco e enterre o cristal.

Passe alguns minutos pensando no seu relacionamento, nos bons e maus momentos. Perdoe-se por quaisquer erros que você possa ter cometido. Imagine uma bela planta crescendo onde você enterrou o cristal e que a planta floresce e cresce com vigor.

Ela representa seu novo amor, que estará com você quando chegar o momento apropriado.

Signos de Ar

Se o seu signo for de Ar – Gêmeos, Libra ou Aquário –, talvez você queira conversar sobre o que aconteceu antes de terminar o relacionamento. Signos de Ar precisam de razões e respostas e podem desperdiçar uma preciosa energia vital procurando "a razão". Talvez seja preciso se encontrar com seu leonino para lhe dizer exatamente o que pensa ou pensou sobre suas opiniões, suas ideias e seus pensamentos. Você também pode se sentir tentado a dizer o que pensa sobre ele agora, coisa que não recomendo.

É bem melhor expor seus pensamentos em forma tangível, escrevendo uma carta para seu ex-leonino. Não é uma carta para se enviar pelo correio, mas ao escrevê-la você precisa imprimir a mesma energia que colocaria *se fosse* mesmo enviá-la.

Escreva-lhe nestes termos:

Caro leonino,
Espero que você esteja feliz agora em sua vida nova, mas eis algumas coisas que eu queria que você soubesse e entendesse antes de nos despedirmos.

Então, relacione todos os hábitos incômodos a que seu (ex) leonino se dedicava. A lista pode ter a extensão que você quiser. Inclua quantos detalhes desejar, abrangendo coisas como as vezes em que ele bancou o arrogante ou se exibiu na frente de sua família ou exagerou numa reação. Escreva até não poder mais e encerre sua carta com algo similar ao seguinte:

Embora não fôssemos feitos um para o outro, e eu tenha sofrido por isso, desejo-lhe felicidade em seu caminho.

Ou algum outro comentário positivo.

Depois, rasgue a carta em pedaços bem pequenos e ponha-os num pequeno frasco. Vamos usar o elemento do Ar para corrigir a situação. Vá até um lugar ventoso e alto, como o topo de uma colina, e, quando achar que deve, abra o frasco e espalhe *alguns* pedaços aleatórios da carta ao vento. Não use a carta toda ou você correrá o risco de levar uma multa por sujar o lugar, só o suficiente para ser significativo.

Observe esses pedacinhos de papel voando ao longe e imagine-os conectando-se com os espíritos da natureza.

Agora, seu relacionamento terminou.

Signos de Água

Se o seu signo for de Água – Câncer, Escorpião ou Peixes –, pode ser mais difícil recuperar-se rapidamente desse relacionamento. Talvez você se flagre chorando em momentos inoportunos, ou ao ouvir a música "de vocês" no rádio, ou quando vir outros casais felizes na companhia um do outro. Você pode acordar à noite achando que arruinou sua vida e que o ex-leonino está se divertindo. Como você já deve ter percebido, é pouco provável que isso esteja acontecendo. Seu ex deve estar tão abalado quanto você.

Portanto sua cura emocional precisa incorporar o elemento Água.

Como você é capaz de chorar pelo mundo, da próxima vez em que estiver se banhando em lágrimas, pegue uma gotinha e coloque-a num pequeno copo. Mantenha um por perto para essa finalidade. Decore-o se quiser. Flores, estrelas ou coisinhas brilhantes. Preencha o copo com água e ponha-o sobre a mesa.

Depois, diga o seguinte:

Este adorável relacionamento com você, ... (nome do leonino), terminou.
Estendi-me através do tempo e do espaço para chegar até você.
Minhas lágrimas vão lavar a dor que sinto.
Tiro você de meu coração, de minha mente e de minha alma.
Partamos em paz.

Depois, beba lentamente a água. Imagine a dor dissolvendo-se e livrando você de toda a ansiedade e de toda a tristeza. Depois, passe as próximas semanas tratando-se bem. Se precisar conversar, procure alguém de confiança e abra-se com essa pessoa. Tenha lenços de papel à mão.

Sua Mãe Leonina

Conheço uma boa quantidade de mães leoninas. São dedicadas a seus filhos e protegem-nos sempre, e como Leão é o signo da infância e da criação, elas gostam especialmente dos filhos quando eles são pequenos, pois todos se divertem mais.

Quando eu era pequena, conheci uma adorável mãe leonina. Ela cozinhava muito bem, era bastante amigável e não conseguia, como muitos leoninos, dizer "não".

Ela teve quatro filhos, mas me acolheu generosamente para morar com ela quando eu quis voltar à Grã-Bretanha enquanto meus pais estavam no exterior. Ela me aguentou por mais de um ano e nunca perdeu a paciência comigo, embora, analisando em retrospecto, eu deva ter sido uma hóspede adolescente saída diretamente do inferno.

Eu fumava, ficava fora até tarde, estava sempre ao telefone (anos antes dos celulares), punha para lavar minhas roupas mesmo depois de usá-las apenas uma vez, e a única vez em que ela "teve uma palavrinha comigo" foi quando pus *todas* as minhas roupas para lavar e ela não encontrou uma sujeira nelas... (eu estava com preguiça demais para guardá-las).

A infância dela fora complicada, e ela transformou sua casa em uma espécie de minicentro de crises, acolhendo cães e gatos de rua que apareciam e cuidando de parentes de seu marido que vinham do exterior. Um desses parentes estava na

♌ Como mimar um leonino ♌

faculdade e passou por um terrível surto psicótico, mas ela cuidou dele, conversando com ele de madrugada, fazendo-o se sentir valorizado e amado.

Ficávamos acordadas até tarde e ela me contava tudo sobre sua infância problemática, de uma maneira que me deixava contente por tê-la ouvido (eu gostava de fazê-lo); no mínimo, para recompensá-la por sua generosidade.

Se um de seus filhos estivesse com problemas, ela não pensava duas vezes antes de sair correndo para ajudá-lo.

Ela era uma mulher maravilhosa, mas infelizmente morreu cedo, com câncer. Talvez ela fosse atenciosa demais...

Nem todos gostam desse nível de atenção, e, se o seu signo é um pouco mais independente, talvez seja cansativo ser filho de uma leonina:

Sou aquariana (com Lua e Ascendente em Áries) e desde pequena eu gostava de ser independente e fazer o que quisesse.

Recentemente, minha mãe e eu tivemos uma discussão e eu lhe disse "deixe-me viver a ***** da minha vida!", e ela ficou muito aborrecida com isso e disse que não podíamos viver como família se todos diziam que deviam viver suas próprias vidas (eu e meu pai).

Sinto que ela está se apegando a mim. Ela sempre me compara com meu pai (que é de Sagitário) e nos culpa por querermos as coisas do nosso jeito. Sabe, não sei de que outro modo se pode viver. É assim que eu sou. Estou errada por querer que ela me deixe ser como sou?

Acho que ela espera que as pessoas dependam umas das outras. Estou muito confusa. Apesar de suas imperfeições, ainda amo a minha mãe, mas também gosto de ser livre.

Que coisa! É um dilema terrível para uma aquariana. Comigo foi o contrário. Minha mãe é aquariana e nos dava muita liberdade quando éramos pequenas e mal podia esperar para sairmos de casa. Aqui, temos o dilema astrológico dos signos opostos.

Aquário ama a liberdade, e Sagitário também (veja meus livros *Como se Relacionar com um Aquariano* e *Como Acreditar num Sagitariano*), e Leão gosta de se sentir querido. A liberdade que Aquário procura, porém, é a liberdade mental. Sagitário procura a liberdade física. Com certeza, essa casa funcionaria melhor se essa mãe leonina deixasse sua filha "ser", sem envolvê-la em seus processos mentais e seus "porquês". Numa situação como essa, ajudaria muito se a mãe leonina tivesse interesses além da família. Ela poderia ter aulas de dança ou de teatro, fazer trabalhos voluntários, porque mais cedo ou mais tarde os filhos saem de casa, e ela ficaria sem *emprego*.

Como regra geral, as mães leoninas adoram seus filhos. Agora, eles fazem parte de sua alcateia, de sua tribo, de seu orgulho. E orgulho é o que elas querem sentir. Elas querem se sentir orgulhosas pelo fato de seus filhos se saírem bem graças ao fato de elas terem cuidado deles.

Seu Pai Leonino

Um pai leonino pode ter todas as qualidades de que já falamos – ou não. Se você tiver sorte, ele será otimista, magnânimo, atencioso e divertido.

Se o seu signo é de Fogo e não há nada de negativo com as suas Luas, vocês devem se entender bem.

Conheço muitos pais leoninos e pessoas com pais de Leão, e a maioria delas não reclama muito desses pais.

Eis Janice, virginiana, descrevendo o bom relacionamento que teve com seus progenitores de Leão.

Minha casa 7 está em Leão, e meus pais eram de Leão. Tomei conta deles no final de suas vidas, e eles eram meus melhores amigos. Meu pai de Leão morreu na sua casa, que era a minha, e minha mãe morreu numa casa que pertencia a ela e a mim. Tive a opção de mandá-los, como muitos fazem, para uma casa de repouso, mas não consegui fazê-lo.

Às vezes, as pessoas se lembram com carinho de seus pais e se entendem realmente bem com eles. Eis o que diz Heather, uma gerente financeira geminiana na cidade de Londres.

Eu adorava meu pai. Ele era bom, atencioso e protetor. Era sociável, engraçado e um pouco espalhafatoso. Era leal, corajoso e muito sensível. Sempre estava perto de mim e de minha irmã. Ficamos num hotel na Ilha de Wight nas últimas férias da família. Minha irmã e eu estávamos juntas num quarto e meus pais estavam em outro no fim do corredor. Eu tinha 15 anos, e minha irmã, 12, e quando alguns jogadores de rúgbi bêbados começaram a procurar nosso quarto, eu fiquei um pouco assustada. Meu pai saiu de seu quarto, com seus 1,69 m (e usando cuecas) e disse àqueles vários jovens altos que fossem embora, o que, naturalmente, eles fizeram.

Fiquei muito orgulhosa dele naquela noite.

Meu pai viu que eu estava sem rumo aos 16 anos, levou-me a Londres para trabalhar e me colocou no caminho de uma carreira vitalícia. Ele me ajudou a decorar e a mobiliar diversas casas, embora fosse péssimo com essas coisas do tipo "faça você mesmo", e me acolheu quando meu primeiro casamento terminou. Ele estava lá para me ouvir, aconselhar e às vezes criticar, mas sempre interessado em meu bem-estar. Ele foi meu melhor amigo, e não passa um dia sem que eu sinta sua falta.

Todavia, se o seu signo é de Terra ou de Água, as coisas podem ser um pouco mais complicadas.

Clarissa é escritora e preocupa-se com o bem-estar do planeta e com seus recursos. Ela é de Touro. Veja o que ela falou de seu pai leonino:

Meu relacionamento com meu pai leonino não foi fácil ou objetivo. E, pelo pouco que conheço a astrologia, ele não me parece ter sido um leonino típico.

Contador de uma grande propriedade toda a vida, jardineiro dedicado e golfista hábil, meu pai era conservador, discreto e pensativo, e essencialmente uma alma solitária. Ele não era aberto emocionalmente, algo que provavelmente piorou por causa da perda precoce de seu primogênito. Pelo que me lembro dele quando criança – porque muitas lembranças foram bloqueadas pela morte de meu irmão mais velho –, meu pai parecia muito severo, com grandes expectativas. Sempre tive um pouco de medo dele e nunca senti que poderíamos nos relacionar em algum nível; isso continuou até ele morrer. Mas eu adorava o jeito de ele caminhar – era gracioso, como um bailarino. Não era hábil com as mãos, mas me inspirou com sua capacidade ergonômica de organização e sua meticulosidade, bem como sua dedicação a "fazer o melhor que puder, simplesmente porque é você que está fazendo isso". Ele morreu quando eu tinha 30 anos, e sempre senti remorso por nunca termos conseguido nos conectar de verdade. Mas sinto um amor profundo e permanente por ele.

> *Embora aceitasse minhas opções de vida com resignação, ele nunca tentou compreendê-las. Hoje, minha mãe me diz que ele tinha medo de mim! Lembro-me de tentar conversar com ele no final da adolescência, com uns vinte e poucos anos, quando tentei compreender o socialismo e o comunismo (!), mas como você pode discutir com alguém por quem você sente um respeito inato e que simplesmente descarta suas ideias como se fossem falta de experiência?*

O pai de Clarissa era definitivamente leonino, mas sua Lua estava em Virgem e seu mapa era muito fechado. Ele tinha ainda Saturno (o planeta da responsabilidade) do lado de seu signo solar; assim, aparentemente, ele ficou soterrado pela responsabilidade e pela morte de seu único filho homem, o que tirou um pouco de sua centelha de vida. Ele também não queria ouvir falar de política, embora Clarissa tenha dito que ele era bom jardineiro e golfista. Imagino que ele teria se sentido melhor falando de jardinagem e das coisas que o interessavam do que falando de coisas que nunca vivenciara, como o "socialismo".

Seu pai leonino vai querer lhe dar conselhos, esperar que você os siga, preocupar-se com seu bem-estar e, principalmente, vai querer se sentir orgulhoso de alguma realização sua.

Seus Irmãos Leoninos

Não tenho irmãos de Leão, por isso, o que vou lhe contar não faz parte de minha experiência pessoal. No entanto conheço muitas pessoas com irmãos de Leão, e, assim como acontece com o pai e a mãe de Leão, tudo depende de seu signo e de seu Elemento.

Se vocês dois são de Leão, é preciso haver um acordo sobre quem será o "líder da alcateia", pois um de vocês terá de ser o "chefe" e o outro o "empregado" ou seguidor. Será difícil o relacionamento dar certo se vocês dois estiverem ao volante. Alguém terá de ser o passageiro.

Eis Clarissa, mais uma vez. Ela tem uma irmã de Leão:

Uma criança alegre e risonha, ela era a menina dos olhos de nossa avó e de nosso pai. Seu relacionamento com nosso pai leonino era bem diferente do meu. Talvez porque ele já estivesse mais brando, ou talvez porque os dois fossem de Leão, ela não tinha medo de enfrentá-lo, e até brincava com ele – "O que você sabe da vida? Você morou a vida toda no mesmo lugar!" –, o que o fazia rir. Eu me surpreendia mesmo com o que eu achava que era falta de respeito por parte dela, dizendo coisas que eu nunca conseguiria dizer, mas ele parecia gostar se viesse dela. Eu adorava minha irmãzinha e ela era muito chegada a mim, mas, quando ela estava com 9 anos, eu fui para a faculdade e depois para o exterior, e só pude vê-la duas ou três vezes nos vinte anos seguintes. Como ela definitivamente não gostava de escrever cartas, quase não tivemos contato. Mesmo assim, sempre que nos reunimos, nos damos muito bem, rimos muito e compartilhamos tudo, e ela mostra um bom grau de autoconsciência. Como nosso pai, ela escolheu uma carreira e aderiu a ela, e comprou uma casa assim que pôde porque – segundo disse – ela "não conseguia tolerar a ideia de não ter segurança". Até hoje, ela detesta ter de mudar.

Fiz o mapa das duas, e vi que Clarissa tem Ascendente em Gêmeos, Sol em Touro e Lua em Touro, e sua irmã tem Ascendente em Virgem, Sol em Leão e Lua em Virgem, de modo que ambas compartilham bastante Terra, o que previne grandes brigas ou afastamentos.

Se você está tendo dificuldade com seu irmão ou sua irmã de Leão, confira o mapa de ambos e procure as conexões, focalizando-as.

Se o seu signo é de Água, é provável que perceba que seu irmão de Leão gosta de mandar em você. Lembre-se de Bernadette e Luke em "Seus Filhos de Leão"; os irmãos dele são de Peixes e Câncer, e com certeza ele era o chefe. É engraçado, mas aparentemente eles nunca se importaram em fazer coisas para ele, talvez porque Luke fosse o irmão mais velho.

Espero que você tenha gostado de aprender um pouco de Astrologia e de conhecer melhor o signo solar de Leão. Estou escrevendo isto no escritório de minha casa em Bath, na Grã-Bretanha, tenho uma vela acesa ao meu lado e estou enviando luz, amor e paz para o seu mundo.

♌ Notas ♌

1. *The Astrologers and Their Creed*, Christopher McIntosh, 1971, Arrow Books Ltd, Londres.
   The Life and Work of Alan Leo, Bessie Leo (Biblioteca da Universidade da Califórnia, LA), 1919, LN Fowler & Co, Londres – http://openlibrary.org/
2. *Astronomy*, Paul Sutherland, 2007, Igloo Books Ltd, Sywell, NN6 0BJ.
3. *The New Waite's Compendium of Natal Astrology*, com efemérides para 1880–1980 e Tabela Universal de Casas, Colin Evans, revisado por Brian Gardener, 1967, Routledge & Kegan Paul Ltd, Carter Lane, Londres.
4. *Linda Goodman's Sun Signs*, Linda Goodman, 1976, Pan Books Ltd, Londres SW10.
5. *The Round Art: The Astrology of Time and Space*, AT Mann, 1991, Dragon's World Ltd, Surrey, Grã-Bretanha.
6. *Astrology, the Stars and Human Life: A Modern Guide*, Christopher McIntosh, 1970, Man, Myth & Magic Original, Macdonald Publishing, Unit 75.
7. *Astrology for Dummies*, Rae Orion, 1999, IDG Books Worldwide, Inc., Foster City, CA 94404.

8. *The Only Way to Learn Astrology, Volume 1, Basic Principles*, Marion D. March e Joan McEvers, 1995, ACS Publications, San Diego, CA 92123. [*Curso Básico de Astrologia*, publicado pela Editora Pensamento, São Paulo, 1988.]
9. *The Instant Astrologer*, Felix Lyle e Bryan Aspland, 1998, Judy Piatkus Publishers Ltd, Londres W1.
10. "The Decay of Vanity", Ted Hughes, *The Hawk in the Rain*, 1957.
11. *How to Read Your Astrological Chart: Aspects of the Cosmic Puzzle*, Donna Cunningham, 1999, Samuel Weiser Inc., York Beach, ME, EUA.
12. Referência a Bolívar: http://www.bbc.co.uk/news/world-latinamerica-18977143.

♌ Informações adicionais ♌

The Astrological Association – www.astrologicalassociation.com

The Bach Centre, The Dr Edward Bach Centre, Mount Vernon, Bakers Lane, Brightwell-cum-Sotwell, Oxon, OX10 0PZ, GB – www.bachcentre.com

Site ético de namoro – www.natural-friends.com

♌ Informações sobre mapas astrais ♌

Informações sobre mapas e dados astrológicos de nascimento obtidos no astro-databank de www.astro.com e www.astrotheme.com

Horário de Nascimento Conflitante ou Desconhecido

Enid Blyton, 11 de agosto de 1897, Londres.

Elizabeth, Rainha Mãe (GB), 4 de agosto de 1900, Lua em Escorpião.

Madonna, 16 de agosto de 1958.

Carl Gustav Jung, 26 de julho de 1875, 19h29, Kesswil, Suíça, Lua em Touro.

Stanley Kubrick, 26 de julho de 1928, Nova York, NY, EUA.

Kate Bush, 30 de julho de 1958, Londres, Inglaterra, Lua em Aquário.

Aldous Huxley, 26 de julho de 1894, Godalming, Inglaterra, Lua em Touro.

Emily Brontë, 30 de julho de 1818, Thornton, Inglaterra, Lua em Câncer.

J. K. Rowling, 31 de julho de 1965, Bristol, Inglaterra, Lua em Virgem.

Alfred Lord Tennyson, 6 de agosto de 1809, Somersby, Lincolnshire, GB, Lua em Gêmeos.

Kevin Spacey, 26 de julho de 1959, South Orange, Nova Jersey, EUA, Lua em Áries.

Marie de Hennezel, 5 de agosto de 1946, Lyon, França, Lua em Escorpião.

O Ascendente

Louis Armstrong, 4 de agosto de 1901, Nova Orleans, LA, EUA, 22h, Ascendente em Áries, Sol na 4ª casa, Lua em Áries.

Mae West, 17 de agosto de 1892, 22h30, Brooklyn, NY, EUA. Ascendente em Touro, Sol na 4ª casa, Lua em Câncer.

Mick Jagger, 26 de julho de 1943, Dartford, Inglaterra, 2h30, Ascendente em Gêmeos, Sol na 2ª casa, Lua em Touro.

Robert De Niro, 17 de agosto de 1943, Brooklyn (Kings County), NY, EUA, 3h, Ascendente em Câncer, Sol na 2ª casa, Lua em Peixes.

Andy Warhol, 6 de agosto de 1928, 6h30, Pittsburgh, PA, EUA, Ascendente em Leão, Sol na 12ª casa, Lua em Áries.

Roger Federer, 8 de agosto de 1981, 8h40, Basel, Suíça, Ascendente em Virgem, Sol na 12ª casa, Lua em Escorpião.

Sydney Omarr, 5 de agosto de 1926, 11h27, Filadélfia, PA, EUA, Ascendente em Libra, Sol na 10ª casa, Lua em Câncer.

Geri Halliwell, 6 de agosto de 1972, 14h30, Watford, Inglaterra, Ascendente em Escorpião, Sol na 9ª casa, Lua em Câncer.

♌ Informações sobre mapas astrais ♌

Percy Bysshe Shelley, 4 de agosto de 1792, Horsham, Inglaterra, 22h, Ascendente em Touro, Sol na 4ª casa, Lua em Peixes.

Ted Hughes, 17 de agosto de 1930, Mytholmroyd, Inglaterra, 1h12, Ascendente em Câncer, Sol na 2ª casa, Lua em Touro.

George Bernard Shaw, 26 de julho de 1856, 0h55, Dublin, Irlanda, Ascendente em Gêmeos, Sol na 2ª casa, Lua em Touro.

Alan Leo (nascido William Frederick Allen), 7 de agosto de 1860, Londres, Inglaterra, 5h49, Ascendente em Leão, Sol na 12ª casa, Lua em Áries.

Whitney Houston, 9 de agosto de 1963, 20h55, Newark, Nova Jersey, EUA, Ascendente em Peixes, Sol na 6ª casa, Lua em Áries.

Barack Obama, 4 de agosto de 1961, 19h24, Honolulu, HI, EUA, Ascendente em Aquário, Sol na 6ª casa, Lua em Gêmeos.

Roman Polanski, 18 de agosto de 1933, 10h30, Paris, França, Ascendente em Libra, Sol na 11ª casa, Lua em Câncer.

A. T. Mann, 18 de agosto de 1943, 15h05, Auburn, NY, EUA, Ascendente em Sagitário, Sol na 9ª casa, Lua em Áries.

Lucille Ball, 6 de agosto de 1911, 17h, Jamestown, NY, EUA, Ascendente em Capricórnio, Sol na 8ª casa, Lua em Capricórnio.

Martin Sheen, 3 de agosto de 1936, 20h02, Dayton, OH, EUA, Ascendente em Aquário, Sol na 6ª casa, Lua em Leão.

Robert Redford, 18 de agosto de 1936, 20h02, Santa Mônica, LA, EUA, Ascendente em Peixes, Sol na 5ª casa, Lua em Virgem.

H. P. Lovecraft, 20 de agosto de 1890, 9h, Providence, RI, EUA, Ascendente em Libra, Sol na 11ª casa, Lua em Libra.

Neil Armstrong, 5 de agosto de 1930, 0h31, Washington, OH, EUA, Ascendente em Gêmeos, Sol na 3ª casa, Lua em Sagitário.

Arnold Schwarzenegger, 30 de julho de 1947, 4h10, Graz, Áustria, Ascendente em Câncer, Sol na 1ª casa, Lua em Capricórnio.

A Lua

Princesa Margaret (GB), 21 de agosto de 1930, Glamis, Escócia, 21h22, Ascendente em Áries, Sol na 5ª casa, Lua em Câncer.

As Casas

Steve Martin, 14 de agosto de 1945, Waco, TX, EUA, 5h54, Ascendente em Leão, Sol na 1ª casa, Lua em Escorpião.

Shelley Winters, 18 de agosto de 1920, Saint Louis, MO, EUA, 0h05, Ascendente em Gêmeos, Sol na 3ª casa, Lua em Libra.

Amy Shapiro, 13 de agosto de 1951, 23h12, Boston, MA, EUA, Ascendente em Touro, Sol na 4ª casa, Lua em Capricórnio.

Clara Bow, 29 de julho de 1905, 20h20, Brooklyn (Kings County), Nova York, EUA, Ascendente em Peixes, Sol na 5ª casa, Lua em Câncer.

Belinda Carlisle, 17 de agosto de 1958, 19h17, Los Angeles, CA, EUA, Ascendente em Aquário, Sol na 7ª casa, Lua em Libra.

Simón Bolívar, 24 de julho de 1783, 22h34, Caracas, Venezuela, Ascendente em Áries, Sol na 4ª casa, Lua em Gêmeos.

Napoleão Bonaparte, 15 de agosto de 1769, 11h30, Ajaccio, França, Ascendente em Escorpião, Sol na 10ª casa, Lua em Capricórnio.

Bill Clinton, 19 de agosto de 1946, 8h51, Hope, Arkansas, EUA, Ascendente em Libra, Sol na 11ª casa, Lua em Touro.

Monica Lewinsky, 23 de julho de 1973, 12h21, Ascendente em Libra, Sol na 10ª casa, Lua em Touro.